AF542599

Contrefaçon de l'édition originale
(Bibliothèque de M. Rondel.)

LA THEBAYDE, OV LES FRERES ENNEMIS.

TRAGEDIE.

A PARIS.
Chez CLAVDE BARBIN, au Palais, vis à vis le grand Portail de la Sainte Chapelle, au Signe de la Croix.

M. DC. LXIV.

Auec Priuilege du Roy.

A MONSEIGNEVR LE DVC DE S^T AIGNAN, PAIR DE FRANCE.

ONSEIGNEVR,

Ie vous presente vn Ouurage qui n'a peut-estre rien de considerable que l'honneur de vous auoir plû. Mais veritablement cét honneur est quelque chose de si grand pour moy, que quand ma Piece ne m'auroit produit que cét auantage, ie pourrois dire que son succez auroit passé mes esperances. Et que pouuois-je esperer de plus glorieux, que l'approbation d'vne Personne qui sçait donner aux choses vn si juste prix, & qui est luy-mesme l'admiration de tout le monde? Aussi, MONSEIGNEVR, *si la Thebayde a receu quelques applaudissemens, c'est sans doute qu'on n'a pas osé démantir le jugement que vous auez donné en sa faueur, & il semble que vous luy* ayez communiqué ce don de plaire qui accompagne toutes vos actions. I'espere qu'estant dépoüillée des ornemens du Theatre, vous ne laisserez pas de la regarder encore fauorablement. Si cela est, quelques ennemis qu'elle puisse auoir, je n'apprehende rien pour elle, puis qu'elle sera asseurée d'vn Protecteur, que le nombre des ennemis n'a pas accoustumé d'ébranler. On sçait, MONSEIGNEVR, que si vous auez vne parfaite connoissance des belles choses, vous n'entreprenez pas les grandes auec vn courage moins éleué, & que vous auez reüny en vous ces deux excellentes qualitez qui ont fait separement tant de grands hommes. Mais je dois craindre que mes loüanges ne vous soient aussi importunes, que les vostres m'ont esté aduantageuses: Aussi bien je ne vous dirois que des choses qui sont connuës de tout le monde, & que vous seul voulez ignorer. Il suffit que vous me permettiez de vous dire, auec vn profond respect, que je suis,

MONSEIGNEVR,

Vostre tres-humble, & tres-obeïssant seruiteur,

RACINE.

Extrait du Priuilege du Roy.

PAR Grace & Priuilege du Roy, donné à Paris le Octobre 1664. Signé par le Roy en son Conseil, LE MARESCHAL. Il est permis à CLAVDE BARBIN, Marchand Libraire à Paris, de faire imprimer vne Piece de Theatre, intitulée *La Thebayde*, pendant sept années : Et deffenses sont faites à tous autres de l'imprimer, vendre & debiter, sur peine de quinze cens liures d'amende, de tous despens, dommages & interests, comme il est plus au long porté per lesdites Lettres.

Et ledit BARBIN a fait part du susdit Priuilege à Thomas Iolly, & Gabriel Quinet, suiuant l'accord fait entr'eux.

Acheué d'imprimer pour la premiere fois le 30. Octobre 1664.

Les Exemplaires ont esté fournis.

Registré sur le Liure de la Communauté des Marchands Libraires & Imprimeurs de cette Ville de Paris, le 27. Octobre 1664.

Signé E. MARTIN, Syndic.

ACTEVRS.

ETEOCLE, Roy de Thebes.

POLINICE, Frere d'Eteocle.

IOCASTE, Mere de ces deux Princes & d'Antigone.

ANTIGONE, Sœur d'Eteocle & de Polinice.

CREON, Oncle des Princes, & de la Princesse.

HEMON, Fils de Creon, Amant d'Antigone.

OLYMPE, Confidente d'Iocaste.

ATTALE, Confident de Creon,

VN SOLDAT Grec. Vn Page, & des Gardes.

La Scene est à Thebes dans vne Salle du Palais Royal.

LA THEBAYDE, OV LES FRERES ENNEMIS.

ACTE I.

SCENE PREMIERE.

IOCASTE, OLYMPE.

IOCASTE.

ILs sont sortis, Olympe? Ah mortelles douleurs!
Qu'vn moment de repos me va couster de pleurs!
Mes yeux depuis six mois estoient ouuerts aux larmes,
Et le sommeil les ferme en de telles alarmes?
Il deuoit bien plûtost les fermer pour iamais,

Que de fauoriser le plus noir des forfaits.
Mais en sont-ils aux mains?

OLYMPE.

Du haut de la muraille,
Ie les ay veus déja tous rangez en bataille,
I'ay veû déja le fer briller de toutes parts,
Et pour vous auertir, j'ay quitté les ramparts.
I'ay veu le fer en main, Eteocle luy mesme;
Il marche des premiers, & d'vne ardeur extrême
Il monstre aux plus hardis à brauer le danger.

IOCASTE.

N'en doutons plus, Olympe, ils se vont égorger:

à vn Page.

Que l'on aille au plus viste auertir la Princesse,
Ie l'attens. Iuste Ciel! soustenez ma foiblesse,
Il faut, il faut courir apres ces inhumains,
Il les faut separer, ou mourir par leurs mains.
Nous voicy donc, Olympe, à ce iour detestable.
Dont la seule frayeur me rendoit miserable,
Ny prieres, ny pleurs, ne m'ont de rien seruy.
Et le courroux du sort vouloit estre assouuy.
O toy, qui que tu sois qui rends le jour au monde;
Que ne l'as-tu laissé dans vne nuit profonde?
A de si noirs forfaits prestes-tu tes rayons,
Et peux-tu sans horreur voir ce que nous voyons?
Mais ces Monstres, helas! ne t'épouuantent guere,
Le seul sang de Laïus les a rendus vulgaires;
Tu peux voir sans frayeur les crimes de mes Fils,
Apres ceux que le Pere & la Mere ont commis;
Tu ne t'estonnes pas si mes Fils sont perfides,
S'ils sont tous deux m'échans, & s'ils sont parricides,
Tu sçais qu'ils sont sortis d'vn sang incestueux,
Et tu t'estonnerois s'ils estoient vertueux.
Ce sang en leur donnant la lumiere celeste,
Leur donna pour le crime vne pente funeste,

Et leurs cœurs infectez de ce fatal poison,
S'ouurirent à la haine auant qu'à la raison.

SCENE II.

IOCASTE, ANTIGONE, OLYMPE.

IOCASTE.

MA fille, auez-vous sceu l'excez de nos miseres.

ANTIGONE.

Oüy, Madame, on m'a dit la fureur de mes Freres.

IOCASTE.

Allons, chere Antigone, allons tout de ce pas,
Arrester, s'il se peut, leur parricide bras,
Allons leur faire voir ce qu'ils ont de plus tendre;
Voyons si contre nous ils pourront se deffendre,
Ou s'ils oseront bien dans leur noire fureur
Respandre nostre sang pour attaquer le leur.

ANTIGONE.

Madame, c'en est fait, voicy le Roy luy-mesme.

SCENE III.

IOCASTE, ANTIGONE, ETEOCLE, OLYMPE.

IOCASTE.

OLympe, soustiens-moy, ma douleur est extrême

ETEOCLE.

Madame qu'auez-vous? Et quel mal si caché....

IOCASTE.

Ah! mon Fils, de quel sang estes-vous là taché?
Est-ce de vostre Frere, ou n'est-ce point du vostre?

ETEOCLE.

Non, Madame, ce n'est ny de l'vn ny de l'autre,
Polinice à mes yeux ne s'est point presenté,
Et l'on s'est peu battu d'vn & d'autre costé.
Seulemenr quelques Grecs d'vn insolent courage,
M'ayant osé d'abord disputer le passage,
I'ay fait mordre la poudre à ces audacieux,
Et leur sang est celuy qui paroist à vos yeux.

IOCASTE.

Mais pourquoy donc sortir auecque vostre Armée,
Quel est ce mouuement qui m'a tant alarmée?

ETEOCLE.

Madame il estoit temps que j'en vsasse ainsi,
Et ie perdois ma gloire à demeurer icy.
Ie n'ay que trop languy derriere vne muraille,
Ie brûlois de me voir en vn champ de bataille,
Lors que l'on peut paroistre au milieu des hazards,
Vn grand cœur est honteux de garder des remparts.
I'estois las d'endurer que le fier Polinice
Me reprochast tout haut cét indigne exercice,
Et criast aux Thebains, afin de les gagner,
Que ie laissois aux fers ceux qui me font regner.
Le Peuple à qui la faim se faisoit déja craindre,
De mon peu de vigueur commançoit à se plaindre,
Me reprochant déja qu'il m'auoit couronné,
Et que j'occupois mal le rang qu'il m'a donné.
Il le faut satisfaire, & quoy qu'il en arriue,
Thebes dés aujourd'huy ne sera plus captiue,
Ie veux en n'y laissant aucun de mes soldats,
Qu'elle soit seulement juge de nos combats.
I'ay des forces assez pour tenir la campagne,
Et si quelque bon-heur nos armes accompagne,
L'insolent Polinice & ses Grecs orgueilleux,
Laisseront Thebes libre, ou mourront à ses yeux.

IOCASTE.

Vous preserue le Ciel d'vne telle Victoire,
Thebes ne veut point voir vne action si noire,
Laissez-là son salut & n'y songez jamais;
La Guerre vaut bien mieux que cette affreuse Paix.
Dure-t'elle à jamais cette cruelle Guerre,
Dont le flambeau fatal desole cette terre.
Prolongez nos mal-heurs, augmentez-les toûjours,
Plûtost qu'vn si grand crime en arreste le cours,
Vous-méme d'vn tel sãg soüilleriez-vous vos armes?
La Couronne pour vous a-t'elle tant de charmes?
Si par vn parricide il la falloit gagner,
Ah! mon Fils, voudriez-vous à ce prix-là regner?
Mais il ne tient qu'à vous, si l'honneur vous anime,
De nous donner la Paix, sans le secours d'vn crime,
Vous pouuez vous montrer genereux tout à fait,
Contenter vostre Frere, & regner en effet.

ETEOCLE.

Appellez-vous regner luy ceder la Couronne,
Quand le Sang, & le Peuple à la fois me la donne?

IOCASTE.

Vous sçauez-bien, mon Fils, que le choix & le sang
Luy donnent comme à vous sa part à ce haut rang.
Oedipe en acheuant sa triste destinée,
Ordonna que chacun regneroit son année,
Et n'ayant qu'vn Estat à mettre sous vos Loix,
Il voulut que tous deux vous en fussiez les Roys.
A ces conditions vous voulustes souscrire,
Le sort vous appella le premier à l'Empire,
Vous montastes au Trosne, il n'en fut point jaloux,
Et vous ne voulez pas qu'il y monte apres vous?

ETEOCLE.

Il est vray, ie promis ce que voulut mon Pere,
Pour vn Trosne est-il rien qu'on refuse de faire?
On promet tout, Madame, afin d'y paruenir,

Mais on ne songe apres qu'à s'y bien maintenir.
I'estois alors sujet, & dans l'obeïssance,
Et je tiens aujourd'huy la suprême puissance;
Ce que ie fis alors ne m'est plus vne Loy,
Le deuoir d'vn Sujet n'est pas celuy d'vn Roy.
D'abord que sur sa teste il reçoit la Couronne,
Vn Roy sort à l'instant de sa propre personne,
L'interest du public doit deuenir le sien,
Il doit tout à l'Estat, & ne se doit plus rien.

IOCASTE.

Au moins doit-il, mon Fils, quelque chose à sa gloire.
Dont le soin ne doit pas sortir de sa memoire,
Et quand ce nouueau rang l'affranchiroit des Loix,
Au moins doit-il tenir sa parole à des Roys.

ETEOCLE.

Polinice à ce titre auroit tort de pretendre,
Thebes sous son pouuoir n'a point voulu se rendre,
Et lors que sur le Trosne il s'est voulu placer,
C'est elle, & non pas moy, qui l'en a sceu chasser.
Thebes doit-elle moins redouter sa puissance,
Apres auoir six mois senty sa violence?
Voudroit-elle obeïr à ce Prince inhumain,
Qui vient d'armer contr'elle & le fer & la faim?
Prendroit-elle pour Roy l'Esclaue de Mycene,
Qui pour tous les Thebains n'a plus que de la haine,
Qui s'est au Roy d'Argos indignement soûmis,
Et que l'Hymen attache à nos fiers ennemis?
Lors que le Roy d'Argos l'a choisi pour son Gendre,
Il esperoit par luy de voir Thebes en cendre,
L'amour eut peu de part à cét hymen honteux,
Et la seule fureur en alluma les feux.
Thebes m'a couronné pour éuiter ses chaines;
Elle s'attend par moy de voir finir ses peines,
Il la faut accuser si ie manque de Foy,
Et ie suis son Captif, ie ne suis pas son Roy.

IOCASTE

IOCASTE.

Dites, dites plûtost, cœur ingrat & farouche,
Qu'auprés du Diadême il n'est rien qui vous touche;
Mais ie me trompe encor ce rang ne vous plaist pas,
Et le crime tout seul a pour vous des appas.
Hé bien, puis qu'à ce point vous en estes auide,
Je vous offre à commettre vn double parricide,
Versez le sang d'vn Frere : Et si c'est peu du sien,
Je vous inuite encor à respandre le mien.
Vous n'aurez plus alors d'ennemis à soûmettre,
D'obstacle à surmonter ny de crime à commettre,
Et n'ayant plus au Trosne vn fâcheux concurrent,
De tous les Criminels vous serez le plus grand.

ETEOCLE.

Hé bien, Madame, hé bien, il faut vous satisfaire,
Il faut sortir du Trosne & couronner mon Frere.
Il faut pour seconder vostre injuste projet,
De son Roy que j'estois, deuenir son Sujet :
Et pour vous éleuer au comble de la joye,
Il faut à sa fureur que ie me liure en proye,
Il faut par mon trépas....

IOCASTE.

Ah Ciel ! qu'elle rigueur,
Que vous penetrez mal dans le fonds de mon cœur!
Ie ne demande pas que vous quittiez l'Empire,
Regnez toûjours, mon Fils, c'est ce que ie desire.
Mais si tant de malheurs vous touchent de pitié,
Si pour moy vostre cœur garde quelque amitié;
Et si vous prenez soin de vostre gloire mesme,
Associez vn Frere à cet honneur suprême;
Ce n'est qu'vn vain éclat qu'il receura de vous;
Vostre regne en sera plus puissant & plus doux.
Les Peuples admirant cette vertu sublime,
Voudront toûjours pour Prince vn Roy si magnanime.
Et cét illustre effort, loin d'affoiblir vos droits,

Vous rendra le plus juſte & le plus grand des Roys.
Ou s'il faut que mes vœux vous trouuent inflexible,
Si la Paix à ce prix vous paroiſt impoſſible,
Et que le Diademe ait pour vous tant d'attraits,
Au moins conſolez-moy de quelque heure de Paix;
Accordez quelque tréue à ma douleur amere,
Et cependant, mon Fils, j'iray voir voſtre Frere,
La pitié dans ſon ame aura peut-eſtre lieu,
Ou du moins pour jamais j'iray luy dire Adieu.
Dés ce meſme moment permettez que ie ſorte,
I'iray juſqu'à ſa tente, & j'iray ſans eſcorte,
Dans cette occaſion rien ne peut m'émouuoir.

ETEOCLE.

Madame, ſans ſortir vous le pouuez bien voir,
Et ſi cette entreueüe a pour vous tant de charmes,
Il ne tiendra qu'à luy de ſuſpendre nos armes.
Vons pouuez dés cette heure accõplir vos ſouhaits,
Et les faire venir juſques dans ce Palais.
Ie feray plus encore, & pour faire connoiſtre,
Qu'il a tort, en effet, de me nommer vn traiſtre,
Et que ie ne ſuis pas vn tyran odieux,
Que l'on faſſe parler & le Peuple & les Dieux.
Si le Peuple le veut, ie luy cede ma place;
Mais qu'il ſe rende auſſi ſi le Peuple le chaſſe,
Ie ne force perſonne, & j'engage ma foy
De laiſſer aux Thebains à ſe choiſir vn Roy.

SCENE IV.

IOCASTE, ETEOCLE, ANTIGONE, CREON, OLYMPE.

CREON, *au Roy*.

SEigneur, voſtre ſortie a mis tout en alarmes,
Thebes qui croit vous perdre eſt déja tout en larmes,

L'épouuante & l'horreur regnent de toutes parts,
Et le Peuple effrayé tremble sur ses remparts.

ETEOCLE.

Cette vaine frayeur sera bien-tost calmée,
Madame, ie m'en vais retrouuer mon Armée,
Cependant vous pouuez accomplir vos souhaits,
Faire entrer Polinice, & luy parler de Paix.
Creon, la Reyne icy commande en mon absence,
Disposez tout le monde à son obeïssance,
Laissez pour receuoir & pour donner ses loix,
Vostre Fils Menecée, & j'en ay fait le choix.
Comme il a de l'honneur autant que du courage,
Ce choix aux Ennemis ostera tout ombrage,
Et sa vertu suffit pour les rendre assurez,
Commandez-luy, Madame, *à Creon,*
Et vous, vous me suiurez.

CREON.

Quoy Seigneur....

ETEOCLE.

Oüy Creon, la chose est resoluë.

CREON.

Et vous quittez ainsi la puissance absoluë?

ETEOCLE.

Que ie la quitte ou non, ne vous tourmentez pas,
Faites ce que j'ordonne, & venez sur mes pas.

SCENE V.

IOCASTE, ANTIGONE, CREON OLYMPE.

CREON.

QV'auez-vous fait, Madame, & par quelle cõduite,
Forcez-vous vn Vainqueur à prendre ainsi la [fuite?
Ce conseil va tout perdre.

IOCASTE.

Il va tout conseruer,
Et par ce seul conseil Thebes se peut sauuer.

CREON. [sommes,

Et quoy, Madame, & quoy, dans l'estat où nous
Lors qu'auec vn renfort de plus de six mille hommes
La Fortune promet toute chose aux Thebains,
Le Roy se laisse oster la Victoire des mains?

IOCASTE.

La Victoire, Creon, n'est pas toûjours si belle,
La honte & les remords vont souuent apres elle,
Quand deux Freres armez vont s'égorger entr'eux
Ne les pas separer, c'est les perdre tous deux.
Peut-on faire au Vainqueur vne injure plus noire
Que luy laisser gagner vne telle Victoire?

CREON.

Leur courroux est trop grand....

IOCASTE.

Il peut estre adoucy

CREON.

Tous deux veulent regner.

IOCASTE.

Ils regneront aussi

CREON.

On ne partage point la grandeur souueraine;
Et ce n'est pas vn bien qu'õ quitte & qu'on reprenne

IOCASTE.

L'interest de l'Estat leur seruira de Loy.

CREON.

L'interest de l'Estat est de n'auoir qu'vn Roy,
Qui d'vn ordre constant gouuernant ses Prouinces
Accoustume à ses Loix & le Peuple & les Princes.
Ce regne interrompu de deux Roys differens,
En luy donnant deux Roys luy donne deux tyrans
Vous les verriez toûjours l'vn à l'autre contraire,

Destruire aueuglement ce qu'auroit fait vn Frere,
L'vn sur l'autre toûjours former quelque attentat,
Et changer tous les ans la face de l'Estat.
Ce terme limité que l'on veut leur prescrire,
Accroist leur violence en bornant leur Empire,
Tous deux feront gemir les Peuples tour à tour,
Pareils à ces torrens qui ne durant qu'vn jour,
Plus leur cours est borné, plus ils font de rauage,
Et par de grands degasts signalent leur passage.

IOCASTE.

On les verroit plûtost par de nobles projets,
Se disputer tous deux l'amour de leurs Sujets.
Mais auoüez, Creon, que toute vostre peine,
C'est de voir que la Paix rend vostre attente vaine,
Et qu'en vous esloignant du Trosne où vous tendez,
Elle rend pour jamais vos desseins auortez.
Comme apres mes enfans le droit de la naissance,
Fait tomber en vos mains la suprême puissance:
Le sang qui vous vnit aux deux Princes mes Fils,
Vous fait trouuer en eux vos plus grands ennemis;
Et vostre ambition qui tend à leur Fortune,
Vous donne pour tous deux vne haine commune:
Vous inspirez au Roy vos conseils dangereux,
Et vous en seruez vn pour les perdre tous deux.

CREON.

Ie ne me repais point de pareilles chimeres,
Mes respects pour le Roy sont ardens & sinceres,
Et mon ambition est de le maintenir
Au Trosne, où vous croyez que ie veux paruenir.
Le soin de sa grandeur est le seul qui m'anime,
Ie hay ses ennemis, & c'est-là tout mon crime;
Ie ne m'en cache point, mais à ce que ie voy,
Chacun n'est pas icy criminel comme moy.

IOCASTE.

Tant que pour ennemy le Roy n'aura qu'vn Frere

Sa personne, Creon, me sera toûjours chere;
De lasches Courtisans peuuent bien le haïr,
Mais vne Mere, enfin, ne peut pas se trahir.

ANTIGONE.

Vos interests icy sont conformes aux nostres,
Les ennemis du Roy ne sont pas tous les vostres;
Creon, vous estes Pere, & dans ces ennemis,
Peut-estre songez-vous que vous auez vn Fils;
On sçait de quelle ardeur Hemon sert Polinice.

CREON.

Oüy, ie le sçay, Madame, & ie vous fais justice;
Ie le dois en effet distinguer du commun;
Mais c'est pour le haïr encor plus que pas vn;
Et ie soûhaitterois dans ma juste colere,
Que chacun le haït comme le haït son Pere.

ANTIGONE.

Apres tout ce qu'a fait la valeur de son bras,
Tout le monde en ce point ne vous ressemble pas.

CREON.

Ie le voy bien, Madame, & c'est ce qui m'afflige;
Mais ie sçay bien à quoy sa reuolte m'oblige,
Et tous ces beaux exploicts qui le font admirer,
C'est ce qui me le fait justement abhorrer.
La honte suit toûjours le party des rebelles,
Leurs grandes actions sont les plus criminelles;
Ils signalent leur crime en signalant leur bras,
Et la gloire n'est point où les Roys ne sont pas.

ANTIGONE.

Escoutez vn peu mieux la voix de la Nature.

CREON.

Plus l'offenseur m'est cher, plus ie ressens l'injure.

ANTIGONE.

Mais vn Pere à ce point doit-il estre emporté?
Vous auez trop de haine.

CREON.

Et vous trap de bonté.
C'est trop parler, Madame, en faueur d'vn rebelle.

ANTIGONE.

L'innocence vaut bien que l'on parle pour elle.

CREON.

Ie sçay ce qui le rend innocent à vos yeux.

ANTIGONE.

Et ie sçay quel sujet vous le rend odieux.
L'amour a d'autres yeux que le cõmun des hommes.

IOCASTE.

Vous abusez, Creon, de l'estat où nous sommes,
Tout vous sẽble permis, mais craignez mõ couroux,
Vos libertez enfin retomberoient sur vous.

ANTIGONE.

L'interest du public agit peu sur son ame,
Et l'amour du pays nous cache vne autre flamme,
Ie la sçais, mais, Creon, j'en abhorre le cours,
Et vous ferez bien mieux de la cacher toûjours.

CREON.

Ie le feray, Madame, & ie veux par auance,
Vous espargner encor iusques à ma presence,
Aussi bien mes deuoirs redoublent vos mépris,
Et ie vais faire place à ce bien-heureux Fils.
Vous sçauez que le Roy m'appelle à son seruice,
Adieu, faites venir Hemon & Polinice.

IOCASTE.

N'en doute pas meschant, ils vont venir tous deux,
Tous deux ils preuiendront tes desseins mal-heureux.

SCENE VI.

IOCASTE, ANTIGONE, OLYMPE.

ANTIGONE.

Le perfide, à quel point ſon inſolence monte !

IOCASTE.

Ses ſuperbes diſcours tourneront à ſa honte,
Bien-toſt ſi nos deſirs ſont exaucez des Cieux,
La Paix nous vengera de ces ambitieux.
Mais il faut ſe haſter, châque heure nous eſt chere,
Appellons au plus viſte Hemon & voſtre Frere ;
Ie ſuis pour ce deſſein preſte à leur accorder,
Toutes les ſeuretez qu'ils pourront demander.
Et toy, ſi mes mal-heurs ont laſſé ta juſtice,
Ciel, diſpoſe à la Paix le cœur de Polinice,
Seconde mes ſoûpirs, donne force à mes pleurs,
Et comme il faut enfin, fais parler mes douleurs.

ANTIGONE, *demeurant vn peu apres ſa Mere.*

Et ſi tu prens pitié d'vne flamme innocente,
O Ciel en ramenant Hemon à ſon Amante,
Ramene-le fidelle, & permets en ce jour,
Qu'en retrouuant l'Amant ie retrouue l'Amour.

Fin du premier Acte.

ACTE II.

SCENE PREMIERE.

ANTIGONE, HEMON.

HE quoy ! vous me plaignez, vostre aimable presence,
Apres vn an entier de supplice & d'absence,
Ne m'auez-vous, Madame, appellé prés de vous,
Que pour m'oster si-tost vn bien qui m'est si doux ?

ANTIGONE.

Et voulez-vous si-tost que j'abandonne vn Frere ?
Ne dois-je pas au Temple accompagner ma Mere ?
Et dois-je preferer, au gré de vos souhaits,
Le soin de vostre amour à celuy de la Paix ?

HEMON.

Madame, à mõ bon-heur c'est chercher trop d'obstacles;
Ils iront bien sans nous consulter les Oracles;
Permettez que mon cœur en voyant vos beaux yeux,
De l'estat de son sort interroge ses Dieux.
Puis-je leur demander sans estre temeraire,
S'ils ont toûjours pour moy leur douceur ordinaire?
Souffrent-ils sans courroux mon ardente amitié,
Et du mal qu'ils ont fait ont-ils quelque pitié ?
Durant le triste cours d'vne absence cruelle,
Auez-vous souhaitté que ie fusse fidelle ?
Songiez-vous que la mort menaçoit loin de vous,
Vn Amant qui ne doit mourir qu'à vos genoux ?
Ah ! d'vn si bel objet quand vne ame est blessée ;
Quand vn cœur jusqu'à vous esleue sa pensée,

Qu'il est doux d'adorer tant de diuins appas !
Mais aussi que l'on souffre en ne les voyant pas !
Vn moment loin de vous me duroit vne année ;
I'aurois finy cent fois ma triste destinée,
Si ie n'eusse songé jusques à mon retour,
Que mon éloignement vous prouuoit mon amour.
Et que le souuenir de mon obeïssance,
Pourroit en ma faueur parler en son absence,
Et que pensant à moy vous penseriez aussi,
Qu'il faut aimer beaucoup pour obeïr ainsi.

ANTIGONE.

Oüy, ie preuoyois bien qu'vne ame si fidelle,
Trouueroit dans l'absence vne peine cruelle,
Et si mes sentimens se doiuent descouurir,
Ie souhaitois, Hemon, qu'elle vous fist souffrir,
Et qu'estãt loin de moy quelque ombre d'amertume,
Vous fist trouuer les jours plus lõgs que de coûtume.
Mais ne vous plaignez pas mon cœur chargé d'ẽnuy,
Ne vous souhaittoit rien qu'il n'éprouuast en luy,
Sur tout depuis le temps que dure cette guerre,
Et que de gens armez vous couurez cette terre.
O Dieux! à quels tourmẽs mõ cœur s'est veu soûmis,
Voyant des deux costez ses plus tendres amis!
Lors qu'on se sent pressé d'vne main inconnuë,
On la craint sans reserue, on haït sans retenuë,
Dans tous ces mouuemẽs le cœur n'est pas contraint,
Et se sent soulagé de haïr de qu'il craint.
Mais voyant attaquer mon Pays & mon Frere,
La main qui l'attaquoit ne m'estoit pas moins chere;
Mon cœur qui ne voyoit que mes Freres & vous,
Ne haïssoit personne, & ie vous craignois tous.
Mille objets de douleurs déchiroient mes entrailles,
I'en voyois & dehors & dedans nos murailles,
Chaque assaut à mon cœur liuroit mille combats,
Et mille fois le jour ie souffrois le trépas.

HEMON.

Mais enfin qu'ay-je fait en ce mal-heur extréme,
Que ne m'ait ordonné ma Princesse elle-mesme?
I'ay suiuy Polinice & vous l'auez voulu,
Vous me l'auez prescrit par vn ordre absolu.
Ie luy voüay dés lors vne amitié sincere,
Ie quittay mon Pays, j'abandonnay mon Pere,
Sur moy par ce départ j'attiray son couroux,
Et pour tout dire, enfin, ie m'esloignay de vous.

ANTIGONE.

Ie m'en souuiens, Hemon, & ie vous fais justice;
C'est moy que vous seruiez en seruant Polinice;
Il m'estoit cher alors comme il est auiourd'huy,
Et ie prenois pour moy ce qu'on faisoit pour luy.
Nous nous aymions tous deux dés la plus tendre enfance,
Et j'auois sur son cœur vne entiere puissance;
Ie trouuois à luy plaire vne extréme douceur,
Et les chagrins du Frere estoient ceux de la Sœur;
Ie le cheris toûjours, encore qu'il m'oublie.

HEMON.

Non, non, son amitié ne s'est point affoiblie,
Il vous cherit encor, mais ses yeux ont appris
Que mon amour pour vous est bien d'vn autre prix.
Quoy que son amitié surpasse l'ordinaire,
Il voit combien l'Amant l'emporte sur le Frere,
Et qu'aupres de l'amour, dont ie ressens l'ardeur,
La plus forte amitié n'est au plus que tiedeur.

ANTIGONE.

Mais enfin si sur luy j'auois le moindre empire,
Il aimeroit la Paix, pour qui mon cœur soûpire,
Nostre commun mal-heur en seroit adoucy,
Ie le verrois, Hemon, vous me verriez aussi.

HEMON.

De cette affreuse guerre il abhorre l'image,

Ie l'ay veu soûpirer de douleur & de rage,
Lors que pour remonter au Trosne paternel,
On le força de prendre vn chemin si cruel.
Esperons que le Ciel touché de nos miseres,
Acheuera bien-tost de reünir les Freres;
Puisse-t'il restablir l'amitié de leur cœur,
Et conseruer l'amour dans celuy de sa Sœur.

ANTIGONE.

Helas! ne doutez point que ce dernier ouurage,
Ne luy soit plus aisé que de calmer leur rage;
Ie les connois tous deux, & ie respondrois bien,
Que leur cœur, cher Hemon, est plus dur que le mien
Mais les Dieux quelquefois font de plus grands miracles.

SCENE II.

ANTIGONE, HEMON, OLYMPE.

ANTIGONE.

He bien apprendrons-nous ce qu'ont dit les Oracles?
Que faut-il faire?

OLYMPE.

Helas!

ANTIGONE.

Quoy? Qu'en a-t'on appris
Est-ce la Guerre, Olympe?

OLYMPE.

Ah! c'est encore pis.

HEMON.

Quel est donc ce grand mal que leur courroux annonce?

OLYMPE.

Prince pour en juger écoutez leur responce.

Thebai

Thebains pour n'auoir plus de guerres,
Il faut par vn ordre fatal,
Que le dernier du Sang Royal,
Par son trépas ensanglante vos terres.

ANTIGONE.

O Dieux ! que vous a fait ce sang iufortuné,
Et pourquoy tout entier l'auez-vous condamné !
n'estes-vous pas content de la mort de mon Pere,
Tout nostre sang doit-il subir vostre colere ?

HEMON.

Madame, cét Arrest ne vous regarde pas,
Vostre vertu vous met à couuert du trépas.
Les Dieux sçauent trop bien cōnoistre l'innocēce...

ANTIGONE.

Et ce n'est pas pour moy que ie crains leur vengeāce.
Mon innocence, Hemon, seroit vn foible appuy.
Fille d'Oedipe, il faut que ie meure pour luy.
Ie l'attens cette mort, & ie l'attens sans plaintes.
Et s'il faut auoüer le sujet de mes craintes,
C'est pour vous que ie crains. Oüy, cher Hemon, pour vous,
De ce sang mal-heureux vous sortez comme nous ;
Et ie ne vois que trop que le courroux celeste,
Vous rendra cōme à nous cét honneur bien funeste.
Et fera regretter aux Princes des Thebains,
De n'estre pas sortis du dernier des humains.

HEMON.

Peut-on se repentir d'vn si grand auantage ?
Vn si noble trépas flatte trop mon courage,
Et du sang de ses Roys il est beau d'estre issu,
Deust-on rendre ce sang si-tost qu'on l'a receu.

ANTIGONE.

Et quoy si parmy nous on a fait quelque offence ;
Le Ciel doit-il sur vous en prendre la vengeance,
Et n'est-ce pas assez du Pere & des enfans.

Sans qu'il aille plus loin chercher des innocens ?
C'est à nous à payer pour les crimes des nostres,
Punissez-nous grãds Dieux, mais épargnez les autres
Mon Pere, cher Hemõ, vous va perdre aujourd'huy
Et ie vous pers peut-estre encore plus que luy.
Le Ciel punit sur vous, & sur vostre famille,
Et les crimes du Pere & l'amour de la Fille,
Et ce funeste amour vous nuit encore plus,
Que les crimes d'Oedipe & le sang de Laïus.

HEMON.

Quoy mon amour Madame ? Et qu'a-t'il de funeste
Est-ce vn crime qu'aimer vne beauté celeste ?
Et puisque sans colere il est receu de vous,
En qnoy peut-il du Ciel meriter le courroux ?
Vous seule en mes soupirs estes interessée,
C'est à vous à juger s'ils vous ont offensée,
Tels que seront pour eux vos Arrests tout-puissans
Ils seront criminels ou seront innocens.
Aussi quand jusqu'à vous j'osay porter ma flamme ;
Vos yeux seuls imprimoiẽt la terreur dans mon ame
Et ie craignois bien plus d'offenser vos appas,
Que le courroux des Dieux que ie n'offensois pas.

ANTIGONE.

Autant que vostre amour vostre erreur est extréme
Et vous les offensiez beaucoup plus que moy-méme
Quelque rigueur pour vous qui parust en mes yeux
Helas ils approuuoient ce qui fâchoit les Dieux.
Oüy, ces Dieux ennemis de toute ma famille,
Aussi bien que le Pere en detestoient la Fille :
Vous aimastes, Hemon, l'objet de leur courroux,
Et leur haine pour moy s'estendit jusqu'à vous.
C'est-là de vos mal-heurs le funeste principe,
Fuyez, Hemon, fuyez, de la Fille d'Oedipe,
Tâchez de n'aimer plus, pour plaire aux immortels
Et la Fille & la Sœur de tant de criminels.

Le crime en sa famille....

HEMON.

Ah ! Madame, leur crime
Ne fait que reueler vostre vertu sublime,
Puisque par vn effort dont les Dieux sont jaloux,
Vous brillez d'vn éclat qui ne vient que de vous.
Que le Ciel à son gré de ma perte dispose,
I'en cheriray toûjours & l'vne & l'autre cause,
Glorieux de mourir pour le sang de mes Rois,
Et plus heureux encor de mourir sur vos loix.
Plust aux Dieux seulement que vostre amant fidelle,
Eust auoir de leur haine vne cause nouuelle,
Et que pour vous aimer meritant leur courroux,
Il pust mourir encor pour estre aimé de vous.
Aussi bien que ferois-je en ce commun naufrage,
Pourrois je me resoudre à viure dauantage,
En vain les Dieux voudroient differer mon trépas,
Mon desespoir feroit ce qu'ils ne feroient pas,
Mais peut-estre en ce point nostre frayeur est vaine,
Attendons.... Mais voicy Polinice & la Reine.

SCENE III.

IOCASTE, POLINICE, ANTIGONE, HEMON.

POLINICE.

MAdame, au nom des Dieux, cessez de m'arrester,
Ie vois bien que la Paix ne peut s'executer.
I'esperois que du Ciel la Iustice infinie,
Voudroit se declarer contre la tyrannie,
Et que lassé de voir tant respandre de sang,
Il rendoit à châcun son legitime rang.
Mais puis qu'ouuertement il tient pour l'injustice,

Et que de criminels il ſe rend le complice,
Dois-je encore eſperer qu'vn Peuple reuolté,
Quand le Ciel eſt injuſte écoute l'equité?
Dois-je prendre pour Iuge vne troupe inſolente,
D'vn fier vſurpateur miniſtre violente,
Qui ſert mon ennemy par vn laſche intereſt,
Et qu'il anime encor tout éloigné qu'il eſt?
La raiſon n'agit point ſur vne populace,
De ce Peuple déja j'ay reſſenty l'audace,
Et loin de me reprendre apres m'auoir chaſſé,
Il croit voir vn tyran dans vn Prince offenſé.
Comme ſur luy l'honneur n'euſt jamais de puiſſance
Il croit que tout le monde aſpire à la vengeance,
De ſes inimitiez rien n'arreſte le cours,
Quand il hait vne fois il veut hair toûjours.

IOCASTE.

Mais s'il eſt vray, mõ fils, que ce Peuple vous craigne
Et que tous les Thebains redoutent voſtre regne,
Pourquoy par tant de ſang cherchez-vous à regner
Sur ce Peuple endurcy que rien ne peut gagner?

POLINICE.

Eſt-ce au Peuple, Madame, à ſe choiſir vn Maiſtre
Si-toſt qu'il hait vn Roy, doit-on ceſſer de l'eſtre?
Sa haine ou ſon amour ſont-ce les premiers droit
Qui font monter au Troſne ou deſcendre les Rois
Que le Peuple à ſõ gré nous craigne ou nous cheriſſ
Le ſang nous met au Troſne, & non pas ſon capric
Ce que le ſang luy donne il le doit accepter,
Et s'il n'aime ſon Prince il le doit reſpecter.

IOCASTE.

Vous ſerez vn Tyran haï de vos Prouinces.

POLINICE.

Ce nom ne conuient pas aux legitimes Princes;
De ce titre odieux mes droits me ſont garands,
La haine des Sujets ne fait pas les Tyrans,

Appellez de ce nom Eteocle luy-meſme.

IOCASTE.

Il eſt aimé de tous.

POLINICE.

C'eſt vn tyran qu'on aime,
Qui par cent laſchetez taſche à ſe maintenir,
Au rang où par la force il a ſceu paruenir,
Et ſon orgueil le rend par vn effet contraire,
Eſclaue de ſon Peuple, & Tyran de ſon Frere,
Pour commander tout ſeul il veut bien obeïr,
Et ſe fait mépriſer pour me faire haïr.
Ce n'eſt pas ſans ſujet qu'on me prefere vn traiſtre,
Le Peuple aime vn Eſclaue, & craint d'auoir vn Maiſtre :
Mais ie croirois trahir la Majeſté des Rois,
Si ie faiſois le Peuple arbitre de mes droits.

IOCASTE.

Ainſi donc la diſcorde a pour vous tant de charmes ?
Vous laſſez-vous déja d'auoir poſé les armes ?
Ne ceſſerons-nous point, apres tant de mal-heurs,
Vous de verſer du ſang, moy de verſer de pleurs ?
N'accorderez-vous rien aux larmes d'vne Mere ?
Ma Fille, s'il ſe peut, retenez voſtre Frere,
Le cruel pour vous ſeule auoit de l'amitié.

ANTIGONE.

Ah ! ſi pour vous ſon ame eſt ſourde à la pitié,
Que pourrois-je eſperer d'vne amitié paſſée,
Qu'vn long éloignement n'a que trop effacée ?
A peine en ſa memoire ay-je encor quelque rang,
Et ſon cœur n'aime plus qu'à reſpandre du ſang.
Ne cherchez plus en luy ce Prince magnanime,
Ce Prince qui mõtroit tant d'horreur pour le crime,
Dont l'ame genereuſe auoit tant de douceur,
Qui reſpectoit ſa Mere & cheriſſoit ſa ſœur.
La nature pour luy n'eſt plus qu'vne chimere,
Il méconnoiſt ſa Sœur, il mépriſe ſa Mere,

Et l'ingrat en l'estat où son orgueil l'a mis,
Nous croit des estrangers ou bien des ennemis.
Il reuient, mais helas ! c'est pour nostre supplice,
Ie ne vois point mon Frere, en voyant Polinice;
En vain il se presente à mes yeux éperdus,
Ie ne le connois point, il ne me connoist plus.

POLINICE.

N'imputez point ce crime à mon ame affligée,
Dites plûtost, ma Sœur, que vous estes changée;
Ditez que de mon rang le lasche vsurpateur,
M'a sceu rauir encor l'amitié de ma Sœur.
De vostre changement ce traistre est le complice,
Parce qu'il me deteste, il veut qu'on me haïsse,
Aussi sans imiter vostre exemple aujourd'huy,
Vostre haine ne fait que m'aigrir contre luy.
Ie vous connois toûjours, & suis toûjours le méme

ANTIGONE.

Est-ce m'aimer, cruel, autant que ie vous aime,
Que d'estre inexorable à mes tristes soûpirs,
Et m'exposer encore à tant de déplaisirs?

POLINICE.

Mais vous-méme, ma Sœur, est-ce aimer vostre Frer
Que de luy faire enfin cette injuste priere,
Et me vouloir rauir le Sceptre de la main?
Dieux! qu'est-ce qu'Eteocle a de plus inhumain?
C'est trop fauoriser vn tyran qui m'outrage.

ANTIGONE.

Non non, vos interests me touchent d'auantage,
Ne croyez pas mes pleurs perfides à ce point,
Auec vos Ennemis ils ne conspirent point.
Cette Paix, que ie veux, me seroit vn supplice,
S'il en deuoit couster le Sceptre à Polinice,
Et l'vnique faueur, mon Frere, où ie pretens,
C'est qu'il me soit permis de vous voir plus lõg-tẽp
Seulemẽt quelques jours souffrez que l'on vous voy

Et donnez-nous le temps de chercher quelque voye
Qui puisse vous remettre au rang de vos ayeux,
Sans que vous respandiez vn sang si precieux.
Pouuez-vous refuser cette grace legere,
Aux larmes d'vne Sœur, aux soûpirs d'vne Mere?

IOCASTE.

Mais quelle crainte encor vous peut inquieter,
Pourquoy si promptemẽt voulez-vous nous quitter?
Ce jour-cy tout entier n'est-il pas de la tréue,
Dês qu'elle a commancé, faut-il qu'elle s'acheue?
Vous voyez qu'Eteocle a mis les armes bas,
Il veut que ie vous voye, & vous ne voulez pas.

ANTIGONE.

Oüy, mon Frere, il n'est pas comme vous inflexible,
Aux larmes de sa Mere il a paru sensible,
Nos pleurs ont desarmé sa colere aujourd'huy,
Vous l'appellez tyran, vous l'estes plus que luy.

HEMON.

Seigneur, rien ne vous presse, & vous pouuez sans [peine,
Laisser agir encor la Princesse & la Reine,
Accordez tout ce jour à leur pressant desir,
Voyons si leur dessein ne pourra reüssir,
Ne donnez pas la joye au Prince vostre Frere,
De dire que sans vous la Paix se pouuoit faire,
Vous auez satisfait vne Mere, vne Sœur,
Et vous aurez sur tout satisfait vostre honneur.
Mais que veut ce Soldat? son ame est toute émeüe.

SCENE IV.

IOCASTE, POLINICE, ANTIGONE HEMON, VN SOLDAT Grec.

VN SOLDAT Grec.

Seigneur on est aux mains, & la tréue est rompuë
Et les Thebains conduits par Creon, & leur Roy
Attaquent vostre Armée & violent leur foy,
Le braue Hippomedon s'efforce en vostre absence,
de soustenir leur choc de toute sa puissance,
Par son ordre, Seigneur, ie vous viens auertir.

POLINICE.

Ah les traistres! Allons, Hemon, il faut sortir,

à la Reine.

Madame vous voyez comme il tient sa parole,
Mais il veut le combat, il m'attaque, & j'y vole.

IOCASTE.

Polinice, mon Fils. . Mais il ne m'entend plus,
Aussi bien que mes pleurs mes cris sont superflus.
Chere Antigone allez courez à ce Barbare,
Du moins allez prier Hemon qu'il les separe,
Le courage me manque, & ie n'y puis courir,
Tout ce que ie puis faire, helas! c'est de mourir.

Fin du second Acte.

ACTE III.

SCENE PREMIERE.

IOCASTE, OLYMPE.

IOCASTE.

OLympe, va t'en voir ce funeste spectacle,
Va voir si leur fureur n'a point trouué d'obstacle,
Si rien n'a pû toucher l'vn & l'autre party,
On dit qu'à ce dessein Menecée est sorty.

OLYMPE.

Ie ne sçay quel dessein animoit son courage,
Vne heroïque ardeur brilloit sur son visage,
Mais vous deuez, Madame, esperer jusqu'au bout.

IOCASTE.

Va tout voir, chere Olympe, & me viens dire tout;
Esclaircy promptement ma triste inquietude.

OLYMPE.

Mais vous dois-je laisser en cette solitude?

IOCASTE.

Va, je veux estre seule en l'estat où ie suis,
Si pourtant on peut l'estre auecque tant d'ennuis.

SCENE II.

IOCASTE *seule.*

DVreront-ils toûjours ces ennuis si funestes?
N'épuiseront-ils point les vengeances celestes?
Me feront-ils souffrir tant de cruels trépas,

Sans jamais au tombeau precipiter mes pas ;
O Ciel ! que ces rigueurs seroient peu redoutables
Si la foudre d'abort accobloit les coupables,
Et que tes chastimens paroissent infinis,
Quand tu laisses la vie à ceux que tu punis !
Tu ne l'ignores pas, depuis le jour infame,
Où de mon propre Fils ie me trouuay la Femme,
Le moindre des tourmens que mon cœur a soufferts
Egale tous les maux que l'on souffre aux Enfers.
Et toutesfois, ô Dieux, vn crime innolontaire,
Deuoit-il attirer toute vostre colere ?
Le connoissois-je, helas ! ce Fils infortuné,
Lors que dedans mes bras vous l'auez amené ?
C'est vous dont la rigueur m'ouurit ce precipe.
Voila de ces grands Dieux la suprême justice,
Iusques au bord du crime ils conduisent nos pas.
Ils nous le font commettre, & ne l'éxcusent pas.
Prennent-ils donc plaisir à faire des coupables,
Et ne peuuent-ils point, quand ils sont en courroux
Chercher des criminels à qui le crime est doux ?

SCENE III.

IOCASTE, ANTIGONE.

IOCASTE.

HE bien en est-ce fait ? L'vn ou l'autre perfide
Vient-il d'executer son noble parricide ?
D'vn triomphe si beau vient-il de s'honorer ?
Qui des deux dois-je plaindre, & qui dois-je abhorrer
Ou n'ont-ils point tous deux en mourãt sur la place
confirmé par leur sang la celeste menace ?
Parlez, parlez, ma fille !

ANTIGONE.

Ah ! Madame, en effet

L'Oracle est accomply ; le Ciel est satisfait.

IOCASTE.

Quoy mes deux fils sont morts ?

ANTIGONE.

Vn autre sang Madame,
Rend la Paix à l'Estat & le calme à vostre ame :
Vn sang digne des Roys dont il est découlé
Pour l'Estat & pour nous s'est luy-mesme immolé.
Ie sortois pour flechir Hemon & Polinice,
Ils estoient desja loin auant que ie sortisse,
Ie leur criois d'attendre & d'arrester leurs pas ;
Mais loin de s'arrester ils ne m'entendoient pas.
Ils ont couru tous deux vers le champ de bataille,
Et moy ie suis montée au haut de la muraille ;
D'où le Peuple estonné regardoit comme moy,
L'approche d'vn combat qui le glaçoit d'effroy.
A cet instant fatal le dernier de nos Princes,
L'honneur de nostre sang, l'espoir de nos Prouinces,
Menecée en vn mot digne Frere d'Hemon ;
Et trop indigne aussi d'estre Fils de Creon,
De l'amour du Païs monstrant son ame atteinte,
Au milieu de deux camps est auancé sans crainte,
Et se faisant oüir des Grecs & des Thebains,
Arrestez a t'il dit, arrestez inhumains.
Ces mots imperieux n'ont point trouué d'obstacle,
Les Soldats estonnez de ce nouueau spectacle,
De leur noire fureur ont suspendu le cours,
Et ce Prince aussi-tost poursuiuant son discours,
Apprenez, a t'il dit, l'arrest des Destinées,
Par qui vous allez voir vos miseres bornées,
Ie suis le dernier sang de vos Roys descendu,
Qui par l'ordre des Dieux doit estre répandu.
Receuez donc ce sang que ma main va répandre ;
Et receuez la Paix où vous n'osiez pretendre
Il se taist, & se frappe en acheuant ces mots ;

Et les Thebains voyant expirer cet Heros ;
Comme si leur salut devenoit leur supplice,
Regardent en tremblant ce noble Sacrifice.
I'ay veû le triste Hemon abandonner son rang,
Pour venir embrasser ce Frere tout en sang.
Creon à son exemple a jetté bas les armes,
Et vers ce Fils mourant est venu tout en larmes;
Et l'vn & l'autre camp les voyant retirez,
Ont quitté le combat & se sont separez.
Et moy le cœur tremblant, & l'ame toute émeüe;
D'vn si funeste objet j'ay destourné la veüe,
De ce Prince admirant l'heroïque fureur.

IOCASTE.

Comme vous ie l'admire, & j'en fremis d'horreur.
Est-il possible, ô Dieux, qu'apres ce grand miracle,
Le repos des Thebains trouue encor quelque obsta-[cle ?
Cet illustre trépas ne peut-il vous calmer,
Puisque mesmes mes Fils s'en laissent desarmer ?
La refuserez-vous cette noble Victime ?
Si la vertu vous touche autant que fait le crime,
Si vous donnez le prix comme vous punissez,
Quels crimes par ce sang ne seront effacez ?

ANTIGONE.

Ouy, ouy cette vertu sera recompensée,
Les Dieux sont trop payez du sang de Menecée;
Et le sang d'vn Heros auprez des Immortels,
Vaut seul plus que celuy de mille criminels.
Ce sont eux dont la main suspend la barbarie,
De deux Camps animez d'vne égale furie,
Et si de tant de sang ils n'estoient point lassez,
A leur boüillante rage ils les auroient laissez.

IOCASTE.

Connoissez-mieux du Ciel la vengeance fatale,
Toûjours à ma douleur il met quelque interuale,
Mais helas ! quand sa main semble me secourir,
C'est

C'est alors qu'il s'apreste à me faire perir.
Il a mis cette nuit quelque treve à mes larmes,
Afin qu'à mon réueil je visse tout en armes,
S'il me flate aussi-tost de quelque espoir de Paix,
Vn Oracle cruel me l'oste pour jamais.
Il m'amaine mon Fils, il veut que ie le voye,
Mais combien cherement me vend il cette joye!
Ce Fils est insensible, & ne m'écoute pas,
Et soudain il me l'oste & l'engage aux combats.
Ainsi toûjours cruel, & toûjours en colere,
Il feint de s'appaiser & deuient plus seuere,
Il n'interromp ses coups que pour les redoubler.
Et retire son bras pour me mieux accabler.

ANTIGONE.

Madame, esperons tout de ce dernier miracle.

IOCASTE.

La haine de mes Fils est vn trop grand obstacle,
En vain tous les mortels s'épuiseroient le flanc,
Ils se veulent baigner dedans leur propre sang;
Tous deux voulant regner, il faut que l'vn perisse,
L'vn a pour luy le Peuple, & l'autre la Iustice,
Polinice endurcy n'écoute que ses droits,
Du peuple & de Creon l'autre écoute la voix.
Oüy du lasche Creon, cette ame interessée,
Nous oste tout le fruit du sang de Menecée,
En vain pour nous sauuer ce grand Prince se perd,
Le Pere nous nuit plus que le Fils ne nous sert.
Les deux jeunes Heros cét infidele Pere....

ANTIGONE.

Ah! le voicy, Madame, auec le Roy mon Frere.

SCENE IV.

IOCASTE, ETEOCLE, ANTIGONE, CREON.

IOCASTE.

MOn Fils, c'est donc ainsi que l'on garde sa foy.

ETEOCLE.

Madame, ce combat n'est point venu de moy,
Mais de quelque Soldat, tãt des Grecs que des nostres,
Qui s'estans querellez les vns auec les autres,
Ont insensiblement tout le corps ébranlé,
Et fait vn grand combat d'vn simple démeslé.
La bataille sans doute alloit estre cruelle,
Et son euenement vuidoit nostre querelle
Quand du Fils de Creon le funeste trépas,
Des Thebains & des Grecs a retenu le bras,
Ce Prince le dernier de la race Royale,
S'est appliqué des Dieux la réponse fatale,
Et luy-mesme à la mort il s'est precipité,
De l'amour du Pays noblement transporté.

IOCASTE.

Ah! si le seul amour qui eut pour sa patrie,
Le rendit insensible aux douceurs de la vie,
Mon Fils, ce mesme amour ne peut-il seulement,
De vostre ambition vaincre l'emportement?
Vn exemple si beau vous inuite à le suiure,
Il ne faudra cesser de regner ny de viure.
Vous pouuez en cedant vn peu de vostre rang,
Faire plus qu'il n'a fait en versant tout son sang.
Il ne faut que cesser de haïr vostre Frere,
Vous ferez beaucoup plus que sa mort n'a sçeu faire.
O Dieux! aimer vn Frere est-ce vn plus grand effort,
Que de haïr la vie & courir à la mort?
Et doit-il estre enfin plus facile en vn autre,

De respandre son sang qu'en vous d'aimer le vôtre

ETEOCLE.

Son illustre vertu me charme comme vous,
Et d'vn si beau trespas ie suis mesme jaloux.
Et toutefois, Madame, il faut que ie vous die,
Qu'vn trosne est plus penible à quitter que la vie;
La gloire bien souuent nous porte à la haïr,
Mais peu de Souuerains font gloire d'obeïr.
Les Dieux vouloiẽt son sang, & ce Prince sans crime
Ne pouuoit à l'Estat refuser sa Victime,
Mais ce mesme Pays qui demandoit son sang,
Demande que ie regne & m'attache à mon rang,
Iusqu'à ce qu'il m'en oste il faut que j'y demeure;
Il n'a qu'à prononcer j'obeïray sur l'heure,
Et Thebes me verra pour appaiser son sort,
Et descendre du Trosne, & courir à la mort.

CREON.

Ah! Menecée est mort, le Ciel n'ẽ veut point d'autre,
Faites seruir son sang sans y joindre le vostre,
Et puis qu'il l'a versé pour nous donner la Paix,
Accordez-là, Seigneur, à nos justes souhaits.

ETEOCLE.

Et quoy, mesme Creon pour la Paix se declare?

CREON.

Pour auoir trop aimé cette guerre barbare,
Vous voyez les mal-heurs où le Ciel m'a plongé;
Mon Fils est mort, Seigneur.

ETEOCLE.

Il faut qu'il soit vangé,

CREON.

Sur quoy me vengerois-je en ce malheur extrême,

ETEOCLE.

Vos ennemis, Creon, sont ceux de Thebes mesme,
Vengez-là, vengez-vous.

CREON.

Ah ! dans ces Ennemis,
Ie trouue voſtre Frere, & je trouue mon Fils.
Dois-je verſer mon ſang, ou reſpandre le voſtre ?
Et dois-je perdre vn Fils pour en venger vn autre ?
Seigneur mon ſang m'eſt cher, le voſtre m'eſt ſacré,
Seray-je ſacrilege ou bien denaturé ?
Soüilleray-je ma main du ſang que je reuere,
Seray-je parricide, afin d'eſtre bon Pere ?
Vn ſi cruel ſecours ne me peut ſoulager,
Et ce ſeroit me perdre au lieu de me venger.
Tout le ſoulagement où ma douleur aſpire,
C'eſt qu'au moins mes mal-heurs ſeruent à voſtre [Empire,
Ie me conſoleray ſi ce Fils qne ie plains,
Aſſeure par ſa mort le repos des Thebains.
Le Ciel promet la Paix au ſang de Menecée,
Acheuez-là, Seigneur, mon Fils l'a commancée,
Accordez-luy ce prix qu'il en a pretendu,
Et que ſon ſang en vain ne ſoit pas répandu.

IOCASTE.

Non, puiſqu'à nos mal-heurs vous deuenez ſenſible,
Au ſang de Menecée il n'eſt rien d'impoſſible,
Que Thebes ſe r'aſſeure apres ve grand effort,
Puis qu'il change voſtre ame, il changera ſon ſort.
La Paix dés ce moment n'eſt plus deſeſperée,
Puiſque Creon la veut, je la tiens aſſeurée,
Bien-toſt ces cœurs de fer ſe verront adoucis,
Le vainqueur de Creon peut bien vaincre mes Fils

à Eteocle.

Qu'vn ſi grand changement vous deſarme & vous [touche,
Quittez mes Fils, quittez cette haine farouche,
Soulagez vne Mere, & conſolez Creon,
Rendez-moy Polinice, & luy rendez Hemon.

ETEOCLE.

Mais enfin, cet vouloir que ie m'impoſe vn Maiſtre

Vous ne l'ignorez pas, Polinice veut l'estre ?
Il demande sur tout le pouuoir Souuerain,
Et ne reuiendra pas que le Sceptre à la main.

SCENE V.

IOCASTE, ETEOCLE, ANTIGONE. CREON, ATTALE.

ATTALE.

Polinice, Seigneur, demande vne entreueüe,
C'est ce que d'vn Heraut nous apprend la venuë,
On ne dit pas pourquoy; mais il s'engage aussi,
De vous attendre au Camp, ou de venir icy.

CREON.

Sans doute qu'il est las d'vne guerre si lente,
Et son ambition n'est plus si violente,
Par ce dernier combat il apprend aujourd'huy,
Que vous estes au moins aussi puissant que luy.
Les Grecs mesmes sont las de seruir sa colere,
Et j'ay sçeu depuis peu que le Roy son beau-pere,
Preferans à la guerre vn solide repos,
Se reserue Micene, & le fait Roy d'Argos.
Tout courageux qu'il est, sans doute il ne souhaitte,
Que de faire en effet vne honneste retraitte,
Puis qu'il s'offre à vous voir, croyez qu'il veut la Paix,
Ce jour la doit conclurre, ou la rompre à jamais.
Taschez dans ce dessein de l'affermir vous-mesme,
Et luy promettez tout hormis le Diadême.

ETEOCLE.

Hormis le Diadême, il ne demande rien.

IOCASTE.

Mais voyez-le du moins.

CREON.

Oüy, puis qu'il le veut bien.
Vous ferez plus tout seul que nous ne sçauriõs faire,
Et le sang reprendra son empire ordinaire.

ETEOCLE.

Allons donc le chercher.

IOCASTE.

Mon Fils, au nom des Dieux.
Attendez-le plûtost, & voyez-le en ces lieux.

ETEOCLE. [donne

Hé bien, Madame, he bien qu'il vienne, & qu'on luy
Toutes les seuretez qu'il faut pour sa personne,
Allons.

ANTIGONE.

Ah ! si ce jour rend la Paix aux Thebains
Elle sera, Creon, l'ouurage de vos mains.

SCENE VI.

CREON, ATTALE.

CREON. [che,

L'Interest des Thebains n'est pas ce qui vous tou-
Desdaineuse Princesse, & cette ame farouche,
Qui semble me flatter apres tant de mépris,
Songe moins à la Paix qu'au retour de mon Fils.
Mais nous verrons bien-tost si la fiere Antigone,
Aussi bien que mon cœur desdainera le Trône, [Roy,
Nous verrons quand les Dieux m'auront fait vostre
Si ce Fils bien-heureux l'emportera sur moy.

ATTALE.

Et qui n'admireroit vn changement si rare,
De voir que ce grand cœur pour la Paix se declare.

CREON.

Tu crois donc que la Paix est l'objet de mes soins.

ATTALE.

Oüy, ie le crois, Seigneur, quand j'y pensois le moins.
Et voyant qu'en effet ce beau soin vous anime,
I'admire à tous momens cét effort magnanime,
Qui vous fait mettre enfin vostre haine au tombeau,
Menecée en mourant n'a rien fait de plus beau,
Et qui peut immoler sa haine à sa Patrie,
Luy pourrois bien aussi sacrifier sa vie.

CREON.

Ah! sans doute qui peut d'vn genereux effort,
Aimer son ennemy peut bien aimer la mort;
Et j'abandonnerois auec bien moins de peine,
Le soin de mon salut que celuy de ma haine;
I'asseurerois ma gloire en courant au trépas.
Mais on le perd, Attale, en ne se vengeant pas.
Quoy ie negligerois le soin de ma vengeance?
Et de mon Ennemy je prendrois la deffence?
De la mort de mon Fils Polinice est l'Autheur,
Et moy ie deuiendrois son lasche Protecteur,
Quand ie renoncerois à cette haine exrréme,
Pourrois-je bien cesser d'aimer le Diadême?
Non non, tu me verras d'vne constante ardeur,
Haïr mes ennemis, & cherir ma grandeur.
Le Trosne fit toûjours mes ardeurs le plus cheres,
Ie rougis d'obeyr ou regnerent mes Peres,
Tout mon Sang me conduit au rang de mes Ayeux,
Et ie l'enuisageay dés que j'ouuris les yeux.
Sur tout depuis deux ans ce noble soin m'inspire,
Ie ne fais point de pas qui ne tende à l'Empire,
Des Princes mes neueux j'entretiens la fureur,
Et mon ambition authorise la leur.
D'Eteocle d'obord j'appuyay l'injustice,
Ie luy fis refuser l'Empire à Polinice,
Tu sçais que ie pensois dés lors à m'y placer,
Et ie le mis au Trône afin de l'en chasser.

ATTALE.

Mais Seigneur, si la guerre eut pour vous tant de [charmes,
D'où vient que de leurs mains vous arrachez les armes?
Et puisque leur discorde est l'objet de vos vœux,
Pourquoy par vos conseils s'ébrassent-ils tous deux?

CREON.

Plus qu'à mes Ennemis la Guerre m'est mortelle,
Et le courroux du Ciel me la rend trop cruelle;
Il s'arme contre moy de mon propre dessein,
Il se sert de mon bras pour me percer le sein:
La Guerre s'allumoit lors que pour mon supplice,
Hemon m'abandonna pour suiure Polinice,
Les deux Freres par moy deuinrent Ennemis,
Et ie deuins, Attale, Ennemy de mon Fils.
Enfin ce mesme jour ie fais rompre la treve,
I'excite le Soldat, tout le camp se souleue.
On se bat, & voila qu'vn Fils desesperé,
Meurt & rompt vn combat que j'ay tant preparé,
Mais il me reste vn Fils, & ie sens que ie l'ayme,
Tout rebelle qu'il est, & tout mon Riual mesme,
Sans le perdre je veux perdre mes Ennemis.
Il m'en coûteroit trop, s'il m'en coustoit deux Fils
Des deux Princes d'ailleurs la haine est trop puissãte,
Ne croy pas qu'à la Paix jamais elle consente;
Moy mesme ie sçauray si bien l'enuenimer,
Qu'ils periront tous deux plûtost que de s'aimer.
Les autres Ennemis n'ont que de courtes haines,
Mais quand de la nature on a brisé les chaines,
Cher Attale, il n'est rien qui puisse reünir,
Ceux que des nœuds si forts n'ont pas sçeu retenir;
L'on hait auec excez, lors que l'on hait vn Frere,
Mais leur esloignement rallentir leur colere,
Quelque haine qu'on ait pour vn fier Ennemy,
Quand il est loin de nous on la perd à demy,

Ne t'estonne donc plus si ie veux qu'ils se voyent,
Ie veux qu'en se voyant leurs fureurs se déployent,
Que rappellant leur haine au lieu de la chasser,
Ils s'estouffent, Attale, en voulant s'embrasser.

ATTALE.

Vous n'auez plus, Seigneur, à craindre que vous méme,
On porte ses remords auec le Diadême.

CREON.

Quand on est sur le Trhône on a bien d'autres soins,
Et les remords sont ceux qui nous pesent le moins,
Du plaisir de regner vne ame possedée,
De tout le temps passé detourne son idée,
Et de tout autre objet vn esprit esloigné,
Croit n'auoir point vescu, tant qu'il n'a point regné.
Mais allons, le remords n'est pas ce qui me touche,
Et ie n'ay plus vn cœur que le crime effarouche,
Tous les premiers forfaits coustent quelques efforts,
Mais, Attale, on commet les seconds sans remords.

Fin du troisieme Acte.

ACTE IV.

SCENE PREMIERE.

ETEOCLE, CREON.

ETEOCLE.

OVy, Creon, c'est icy qu'il doit bien-tost se rendre,
Et tous deux en ce lieu nous les pouuons attendre,
Nous verrons ce qu'il veut, mais ie répondrois bien,

Que par cette entreueuë on n'auancera rien,
Ie ſçay que Polinice eſt vne humeur altiere,
Ie ſçay bien que ſa haine eſt encore toute entiere,
Ie ne croy pas qu'on puiſſe en arreſter le cours,
Et pour moy ie ſens bien que ie le hay toûjours.

CREON.

Mais s'il vous cede enfin la grandeur Souueraine,
Vous deuez, ce me ſemble, appaiſer voſtre haine.

ETEOCLE.

Ie ne ſçay ſi mon cœur s'appaiſera jamais,
Ce n'eſt pas ſon orgueil, c'eſt luy ſeul que ie hais:
Nous auons l'vn & l'autre vne haine obſtinée,
Elle n'eſt pas, Creon, l'ouurage d'vne année,
Elle eſt née auec nous, & ſa noire fureur,
Auſſi toſt que la vie entra dans noſtre cœur.
Nous eſtions ennemis dés la plus tendre enfance,
Et desja nous l'eſtions auecque violence,
Nous le ſommes au Thrône auſſi bien qu'au berceau,
Et le ſerons, peut-eſtre, encor dans le Tombeau.
On diroit que le Ciel par vn arreſt funeſte,
Voulut de nos parens venger ainſi l'inceſte,
Et que dans noſtre Sang il voulut mettre au jour
Tout ce qu'a de plus noir & la haine & l'amour,
Et maintenant, Creon, que j'attens ſa venuë,
Ne crois pas que pour luy ma haine diminuë,
Plus il approche, & plus il allume ſes feux,
Et ſans doute il faudra qu'elle éclate à ſes yeux.
I'aurois meſme regret qu'il me quittaſt l'Empire,
Il faut, il faut qu'il fuye, & non qu'il ſe retire,
Ie ne veux point, Creon, le haïr à moitié,
Et je crains ſon courroux moins que ſon amitié,
Ie ne veux pour donner cours à mon ardente haine,
Que ſa fureur au moins authoriſe la mienne,
Et puis qu'enfin mon cœur ne ſçauroit ſe trahir,
Ie veux qu'il me deteſte afin de le hayr.

Tu verras que sa rage est encore la mesme,
Et que toûjours, son cœur aspire au Diadéme,
Qu'il m'abhorre toûjours, & veut toûjours regner,
Et qu'on peut bien le vaincre & non pas le gagner.

CREON.

Domtez-le donc, Seigneur, s'il demeure inflexible,
Quelque fier qu'il puisse estre, il n'est pas inuincible,
Et puisque la raison ne peut rien sur son cœur,
Eprouuez ce que peut vn bras toûjours vainqueur.
Oüy, quoy que dans la Paix, ie treuuasse des charmes,
Ie seray le premier à reprendre les armes,
Et si ie demandois qu'on en rompist le cours,
Ie demande encor plus que vous regniez toûjours,
Que la Guerre s'enflamme & jamais ne finisse,
La Paix est trop cruelle auecque Polinice,
Sa presence aigriroit ses charmes les plus doux;
Et la guerre, Seigneur, nous plaist auecque vous.
La rage d'vn Tyran est vne affreuse Guerre,
Tout ce qui luy déplaist, il le porte par terre,
Du plus beau de leur sang il priue les Estats,
Et ses moindres rigueurs sont d'horribles combats.
Tout le Peuple Thebain vous parle par ma bouche,
Ne le soûmettez pas à ce Prince farouche,
Si la Paix se peut faire il la veut comme moy,
Surtout si vous l'aimez, conseruez luy son Roy.
Cependant écoutez le Prince vostre Frere,
Et s'il se peut, Seigneur, cachez vostre colere.
Mais quelqu'vn vient.

SCENE II.

ETEOCLE, CREON, ATTALE.

ETEOCLE.

HE bien, sont-ils bien prés d'icy?
Vont ils venir Attale?

ATTALE.

Oüy, Seigneur, les voicy,
Ils ont trouué d'abord la Princesse, & la Reine,
Et bien-tost ils seront dans la chambre prochaine,

ETEOCLE.

Qu'ils entrẽt. Cette approche excite mon courroux!
Qu'on hait vn ennemy quand il est prés de nous.

CREON.

Ah! le voicy, Fortune acheue mon ouurage,
Et liure-les tous deux aux transpors de leur rage.

SCENE III.

IOCASTE, ETEOCLE, POLINICE, ANTIGONE, CREON, HEMON.

IOCASTE.

ME voicy donc tantost au comble de mes vœux,
Puisque déja le Ciel vous r'assemble tous deux,
Vous reuoyez vn Frere, apres deux ans d'absence,
Dans ce mesme Palais où vous pristes naissance,
Et moy par vn bon-heur où ie n'osois penser,
L'vn & l'autre à la fois je vous puis embrasser.
Commancez-donc, mes Fils, cette vnion si chere,

Et

Et que chacun de vous reconnoiſſe ſon Frere,
Tous deux dans voſtre Frere enuiſagez vos traits,
Mais pour en mieux juger voyez les de plus prez;
Sur tout que le Sang parle & faſſe ſon office,
Approchez Eteocle, auancez Polinice:
Hé! quoy, loin d'approcher vous reculez tous deux.
D'où vient ce sõbre accüeil, & ces regards faſcheux?
N'eſt-ce point que chacun d'vne ame irreſoluë,
Pour ſaluer ſon Frere, attend qu'il le saluë?
Et qu'affectant l'honneur de ceder le dernier,
L'vn ny l'autre ne veut s'embraſſer le premier?
Eſtrange ambition qui n'aſpire qu'au crime,
Où le plus furieux paſſe pour magnanime!
Le vainqueur doit rougir en ce combat honteux;
Et les premiers vaincus ſont les plus genereux.
Voyons donc qui des deux aura plus de courage,
Qui voudra le premier triompher de ſa rage.
Quoy vous n'en faites rien? C'eſt à vous d'auancer,
Et venant de ſi loin vous deuez commancer;
Commencez, Polinice, embraſſez voſtre Frere,
Et monſtrez...

ETEOCLE.

Hé! Madame, à quoy bon ce myſtere?
Tous ces embraſſemens ne ſont guere à propos,
Qu'il parle, qu'il s'explique, & nous laiſſe en repos.

POLINICE.

Quoy! faut-il d'auantage expliquer mes penſées,
On les peut deſcouurir par les choſes paſſées,
La guerre, les combats, tant de ſang reſpandu;
Tout cela dit aſſez que le Trhône m'eſt deû.

ETEOCLE.

Et ces meſmes combats, & cette meſme Guerre;
Ce ſang qui tant de fois a fait rougir la Terre,
Tout cela dit aſſez que le Trône eſt à moy,
Et tant que ie reſpire il ne peut eſtre à toy.

POLINICE.

Tu ſçais qu'injuſtement tu remplis cette place.

ETEOCLE.

L'injuſtice me plaiſt pourueu que ie t'en chaſſe.

POLINICE.

Si tu n'en veux ſortir, tu pourras en tomber.

ETEOCLE.

Si ie tombe, auec moy tu pourras ſuccomber.

IOCASTE.

O Dieux ! que ie me vois cruellement deceüe !
N'auois-je tant preſſé cette fatale veüe,
Que pour les deſvnir encor plus que iamais ?
Ah ! mes Fils, eſt ce là comme on parle de Paix ?
Quittez, au nom des Dieux, ces tragiques penſées,
Ne renouuellez point vos diſcordes paſſées,
Vous n'eſtes pas icy dans vn champ inhumain.
Eſt-ce moy qui vous mets les armes à la main ?
Conſiderez ces lieux où vous priſtes naiſſance,
Leur aſpect ſur vos cœurs n'a t'il point de puiſſance?
C'eſt icy que tous deux vous receuſtes le jour,
Tout ne vous parle icy que de Paix & d'amour.
Ces Princes, voſtre Sœur, tout cõdamne vos haines,
Enfin moy qui pour vous prit toûjours tãt de peines,
Qui pour vous reünir immolerois... Helas,
Ils deſtournent la teſte, & ne m'écoutent pas,
Tous deux pour s'attendrir ils ont l'ame trop dure,
Ils ne connoiſſent plus la voix de la Nature,
La fiere ambition qui regne dans leur cœur
N'écoute de conſeils que ceux de la fureur;
Leur ſang meſme infecté de ſa funeſte haleine,
Ou ne leur parle plus, ou leur parle de haine.

à Polinice.

Et vous que ie croyois plus doux & plus ſoûmis.

POLINICE.

Ie ne veux rien de luy que ce qu'il ma promis,

Il ne ſçauroit regner ſans ſe rendre parjure.

IOCASTE.

Vne extrême juſtice eſt ſouuent vne injure,
Le Trône vous eſt deû, ie n'en ſçaurois douter,
Mais vous le renuerſez en voulant y monter.
Ne vous laſſez-vous point de cette affreuſe guerre,
Voulez vous ſans pitié deſoler cette Terre?
Deſtruire cet Empire afin de le gagner?
Eſt-ce deſſus des morts que vous voulez regner?
Thebes auec raiſon craint le regne d'vn Prince,
Qui de fleuues de Sang inonde ſa Prouince,
Voudroit-elle obeïr à voſtre injuſte Loy?
Vous eſtes ſon Tyran auant qu'eſtre ſon Roy.
Dieux! ſi deuenant Grand ſouuent ou deuient pire,
Si la vertu ſe perd quand on gagne l'Empire,
Lors que vous regnerez que ſerez-vous helas!
Si vous eſtes cruel quand vous ne regnez pas.

POLINICE.

Ah! ſi ie ſuis cruel, on me force de l'eſtre,
Et de mes actions ie ne ſuis pas le maiſtre,
Si ie ſuis violent, c'eſt que ie ſuis contraint,
Et c'eſt injuſtement que le Peuple me craint.
Ie ne me connois plus en ce mal-heur extrême;
En m'arrachant au Trône, on m'arrache à moy mé-
me,
Tant que i'en ſuis dehors, ie ne ſuir plus à moy;
Pour eſtre vertueux il faut que ie ſois Roy,
Mais il faut en effet ſoulager ma Patrie,
De ſes gemiſſemens mon ame eſt attendrie;
Trop de ſang innocent ſe verſe tous les jours;
Il faut de ſes malheurs que j'arreſte le cours,
Et ſans faire gemir ny Thebes ny la Grece,
A l'Autheur de mes maux il faut que ie m'addreſſe;
Il ſuffit aujourd'huy de ſon ſang ou du mien.

IOCASTE.

Du ſang de voſtre Frere ?

POLINICE.

Oüy, Madame, du ſien,
Il faut finir ainſi cette guerre inhumaine,
Oüy cruel, & c'eſt là le deſſein qui m'ameine,
Moy-meſme à ce combat j'ay voulu t'appeller,
A tout autre que toy ie craignois d'en parler ;
Tout autre auroit voulu condamner ma penſée,
Et perſonne en ces lieux ne te l'euſt annoncée;
Ie te l'annonce donc, c'eſt à toy de preuuer,
Si ce que tu rauis tu ſçais le conſeruer ;
Montre-toy digne enfin, d'vne ſi belle proye.

ETEOCLE.

I'accepte ton deſſein & l'accepte auec joye,
Creon ſçait la deſſus quel eſtoit mon deſir,
I'euſſe accepté le Trône auec moins de plaiſir;
Ie te crois maintenant digne du Diademe,
Et te le vay porter au bout de ce fer meſme,

IOCASTE.

Haſtez-vous donc, cruels, de me percer le ſein,
Et commancez par moy voſtre horrible deſſein,
Ne conſiderez point que ie ſuis voſtre Mere,
Conſidérez en moy celle de voſtre Frere,
Si de voſtre Ennemy vous recherchez le ſang,
Recherchez-en la ſource en ce mal-heureux flanc;
Ie ſuis de tous les deux la commune ennemie,
Puiſque voſtre ennemy receût de moy la vie;
Cet ennemy ſans moy ne verroit pas le jour,
S'il meurt ne faut-il pas que ie meure à mon tour ?
N'en doutez point, ſa mort me doit eſtre commune,
Il faut en donner deux, ou n'en donner pas vne,
Et ſans eſtre ny doux, ny cruels à demy ;
Il faut me perdre, ou bien ſauuer voſtre ennemy.
Si la vertu vous plaiſt, ſi l'honneur vous anime,

Barbares, rougiſſez de commettre vn tel crime ;
Ou ſi le crime enfin vous plaiſt tant à chacun,
Barbares rougiſſez de n'en commettre qu'vn.
Auſſi bien ce n'eſt point que l'amitié vous tienne,
Si vous ſauuez ma vie en pourſuiuant la ſienne,
Vous vous garderiez bien, cruels, de m'eſpargner,
Si ie vous empeſchois vn moment de regner.
Polinice, eſt-ce ainſi que l'on traitte vne Mere ?

POLINICE.

I'eſpargne mon Pays.

IOCASTE.

Et vous tuez vn Frere.

POLINICE.

Ie punis vn meſchant.

IOCASTE.

Et ſa mort aujourd'huy,
Vous rendra plus coupable & plus meſchant que luy.

POLINICE.

Faut-il que de ma main ie couronne ce traiſtre,
Et que de Cour en Cour j'aille chercher vn Maiſtre ;
Qu'errant & vagabond ie quitte mes Eſtats,
Pour obſeruer des Loix qu'il ne reſpecte pas ?
De ſes propres forfaits ſeray-je la Victime ?
Le Diadéme eſt-il le partage du crime ?
Quel droit ou quel deuoir n'a t'il point violé ?
Et cependant il regne, & ie ſuis exilé.

IOCASTE.

Vn exil innocent vaut mieux qu'vne Couronne
Que le crime noircit, que le parjure donne,
Voſtre baniſſement vous rendra glorieux,
Et le Trône, mon Fils, vous rendroit odieux.
Si vous n'y montez pas, c'eſt le crime d'vn autre,
Mais ſi vous y montez, ce ſera par le voſtre.
Conſeruez voſtre gloire.

ANTIGONE.

Ah ! mon Frere en effet,
Pouuez-vous conceuoir cet horrible forfait ?
Ainsi donc tout à coup l'honneur vous abandonne,
O Dieux ! Est-il si doux de porter la Couronne ?
Et pour le seul plaisir d'en estre reuestu,
Peut-on se depoüiller de toute sa Vertu ?
Si la Vertu jamais eust regné dans vostre ame,
En feriez-vous au Trône vn Sacrifice infame ?
Quand on l'ose immoler on la connoist bien peu,
Et la Victime helas ! vaut bien plus que le Dieu.

HEMON.

Seigneur, sans vous liurer à ce malheur extreme,
Le Ciel à vos desirs offre le Diadéme,
Vous pouuez sans respandre vne goutte de sang,
Dés que vous le voudrez monter à ce haut rang,
Puisque le Roy d'Argos vous cede vne Couronne.

POLINICE.

Dois-je chercher ailleurs ce que le sang me donne,
En m'alliant chez luy n'auray-je rien porté,
Et tiendray-je mon rang de sa seule bonté ?
D'vn Trône qui m'est dû, faut-il que l'on me chasse,
Et d'vn Prince estranger que je brigue la place ?
Non non, sans m'abaisser à luy faire la Cour,
Ie veux deuoir le Sceptre à qui je dois le jour.

HEMON.

Qu'on le tienne, Seigneur, d'vn Beau-pere ou d'vn Pere,
La main de tous les deux vous sera toûjours chere.

POLINICE.

Hemon, la differance est trop grande pour moy,
L'vn me feroit esclaue, & l'autre me fait Roy.
Quoy ! ma grandeur seroit l'ouurage d'vne femme ?
D'vn éclat si honteux je rougirois dans l'ame,
Le Trône sans l'amour me seroit donc fermé ?

Ie ne regnerois pas ſi l'on ne m'euſt aimé ?
Ie veux m'ouurir le Trône, ou jamais n'y paroiſtre,
Et quand j'y monteray j'y veux monter en Maiſtre,
Que le Peuple à moy ſeul ſoit forcé d'obeïr,
Et qu'il me ſoit permis de m'en faire haïr.
Enfin de ma grandeur ie veux eſtre l'arbitre,
Eſtre Roy, cher Hemon, & l'eſtre à juſte titre,
Que le ſang me couronne, ou s'il ne ſuffit pas,
Ie veux à ſon ſecours n'appeller que mon bras.

IOCASTE.

Faites plus, tenez tout de voſtre grand courage;
Que voſtre bras tout ſeul faſſe voſtre partage,
Et dédaignant les pas des autres Souuerains,
Soyez, mon Fils, ſoyez l'ouurage de vos mains.
Par d'illuſtres exploits courõnez vous vous meſme,
Qu'vn ſuperbe Laurier ſoit voſtre Diadême;
Regnez & triomphez, & joignez à la fois,
La gloire des Heros à la Pourpre des Rois.
Quoy, voſtre ambition ſeroit-elle bornée,
A regner tour à tour l'eſpace d'vne année ?
Cherchez à ce grãd cœur que rien ne peut dompter,
Quelque Trône où vous ſeul ayez droit de monter,
Mille Sceptres nouueaux s'offrent à voſtre eſpée,
Sans que d'vn ſang ſi cher nous la voyons trempée
Vos triomphes pour moy n'auront rien que de doux,
Et voſtte Frere meſme ira vaincre auec vous.

POLINICE.

Vous voulez que mon cœur flaté de ces chimeres,
Laiſſe vn vſurpateur au Troſne de mes Peres ?

IOCASTE.

Si vous luy ſouhaittez en effet tant de mal,
Eleuez-le vous meſme à ce Troſne fatal.
Ce Troſne fut toûjours vn dangereux abyſme,
La foudre l'enuironne auſſi bien que le crime,
Voſtre Pere & les Roys qui vous ont deuancez,

Si-toſt qu'ils y montoient s'en ſont veus renuerſez.

POLINICE.

Quand ie deurois au Ciel rencontrer le tonnerre,
I'y monterois plûtoſt que de remper à terre,
Mon cœur jaloux du ſort de ces grãds mal-heureux,
Veut s'eleuer, Madame, & tomber auec eux.

ETEOCLE.

Ie ſçauray t'épargner vne chûte ſi vaine.

POLINICE.

Ah ! ta chûte bien-toſt precedera la mienne.

IOCASTE.

Mon Fils ſon regne plaiſt ;

POLINICE.

Mais il m'eſt odieux.

IOCASTE.

Il a pour luy le Peuple.

POLINICE.

Et j'ay pour moy les Dieux.

ETEOCLE.

Les Dieux de ce haut rang te vouloient interdire,
Puis qu'ils m'ont éleué le premier à l'Empire ;
Ils ne ſçauoient que trop lors qu'ils firent ce choix,
Qu'õ veut regner toûjours quand on regne vne fois.
Iamais deſſus le Troſne on ne vit plus d'vn Maiſtre,
Il n'en peut tenir deux quelque grand qu'il puiſſe eſtre,
L'vn des deux toſt ou tard ſe verroit renuerſé,
Et d'vn autre ſoy-meſme on y ſeroit preſſé.
Iugez donc par l'horreur que ce meſchant nous donne,
Si ie puis, auec luy, partager la Couronne.

POLINICE.

Et moy ie ne veux plus, tant tu m'és odieux,
Partager auec toy la lumiere des Cieux.

IOCASTE.

Allez douc, j'y consens, allez perdre la vie,
A ce cruel combat tous deux ie vous conuie,
Puisque tons mes efforts ne sçauroient vous chãger,
Que tardez-vous ? Allez vous perdre & me venger.
Surpassez, s'il se peut, les crimes de vos Peres,
Monstrez en vous tuant comme vous estes Freres,
Le plus grands des forfaits vous a donné le jour,
Il faut qu'vn crime égal vous l'arrache à son tour.
Ie ne condamne plus la fureur qui vous presse,
Ie n'ay plus pour mon sang ny pitié ny tendresse,
Vostre exemple m'apprend à ne le plus cherir,
Et moy ie vais, Cruels, vous apprendre à mourir.

CREON.

Heureux emportement!

ANTIGONE.

Helas! rien ne les touche.

HEMON.

Rien ne peut ébranler leur constance farouche.

ANTIGONE.

Princes...

ETEOCLE.

Pour ce combat chosissons quelque lieu,

POLINICE.

Courons. Adieu ma Sœur.

ETEOCLE.

Adieu, Princesse, Adieu.

ANTIGONE.

Mes Freres, arrestez, Gardes, qu'on les retienne,
Et n'obeïssez pas à leur rage inhumaine,
C'est leur estre cruels que de les contenter.

HEMON.

Madame, il n'est plus rien qui les puisse arrester.

ANTIGONE.

Ah, genereux Hemon! c'est vous seul que j'implore,

Si la vertu vous plaist, si vous m'aimez encore;
Et qu'on puisse arrester leurs parricides mains,
Helas! pour me sauuer, sauuez ces inhumains.

Fin du quatriesme Acte.

ACTE V.

SCENE PREMIERE.

ANTIGONE, *seule.*

A Quoy te resous-tu Princesse infortunée?
Ta Mere vient de mourir dans tes bras,
Ne sçaurois tu suiure ses pas,
Et finir en mourant ta triste destinée?
A de nouueaux mal-heurs te veux-tu reseruer?
Tes Freres sont aux mains, rien ne les peut sauuer
De leurs cruelles armes.
Leur exemple t'anime à te percer le flanc,
Et toy seule verse des larmes,
Tous les autres versent du sang.

Quelle est de mes mal-heurs l'extremité mortelle,
Où ma douleur doit-elle recourir?
Dois-je viure, dois-je mourir?
Vn Amant me retient, vne Mere m'appelle,
Dans la nuit du tombeau, ie la voy qui m'attend,
Ce que veut la raison, l'amour me le defend,
Et m'en oste l'enuie.

Que ie vois de sujets d'ebandonner le jour !
Mais helas ! qu'on tient à la vie,
Quand on tient si fort à l'amour !

Oüy tu retiens, Amour, mon ame fugitiue,
Ie reconnois la voix de mon Vainqueur,
L'esperance est morte en mon cœur,
Et cependant tn vis, & tu veux que ie viue.
Tu dis que mon amant me suiuroit au tombeau,
Que ie dois de mes jours conseruer le flambeau,
Pour sauuer ce que j'aime
Hemon voy le pouuoir que lomour a sur moy,
Ie ne viurois pas pour moy-mesme,
Et ie veux bien viure pour toy.

Si jamais tu doutas de ma flamme fidelle...
Mais voicy du combat la funeste nouuelle.

SCENE II.

ANTIGONE, OLYMPE.

ANTIGONE.

HE bien, ma chere Olympe, as-tu veu ce forfait?

OLYMPE.

I'y suis couruë en vain, c'en estoit déja fait.
Du haut de nos rempars j'ay veu descendre en larmes,
Le Peuple qui couroit & qui crioit aux armes,
Et pour vous dire enfin d'où venoit sa terreur,
Le Roy n'est plus, Madame, & son Frere est vainqueur.
On parle aussi d'Hemon, l'on dit que son courage,
S'est efforcé long-temps de suspendre leur rage,

Mais que tous ses efforts ont esté superflus ;
C'est ce que j'ay compris de mille bruits confus.

ANTIGONE.

Ah ! ie n'en doute pas, Hemon est magnanime,
Son grand cœur eût toûjours trop d'horreur pour le crime,
Ie l'auois conjuré d'empescher ce forfait,
Et s'il l'auoit peu faire, Olympe, il l'auroit fait.
Mais helas ! leur fureur ne pouuoit se contraindre,
Dans des ruisseaux de sang elle vouloit s'esteindre :
Princes dénaturez vous voila satisfaits,
La mort seule entre vous pouuoit mettre la Paix.
Le Trosne pour vous deux auoit trop peu de place,
Il falloit entre vous mettre vn plus grand espace :
Et que le Ciel vous mit pour finir vos discords,
L'vn parmy les viuans, l'autre parmy les morts.
Infortunez tous deux, dignes qu'on vous déplore,
Moins mal-heureux pourtant que ie ne suis encore,
Puisque de tous les maux qui sont tombez sur vous,
Vous n'en sentez aucun & que ie les sens tous.
Quand on est au tombeau tous nos tourmens s'appaisent,
Quand on est furieux tous nos crimes nous plaisent,
Des plus cruels mal-heurs le trépas vient à bout,
La fureur ne sent rien, mais la douleur sent tout.
Cette viue douleur dont ie suis la victime
Ressent la mort de l'vn, & de l'autre le crime,
Et plaignant le vaincu, ie pleure le Vainqueur,
A ce cruel Vainqueur quel accueil dois-je faire ?
S'il est mon Frere, Olympe, il a tué mon Frere,
La nature est confuse & se taist aujourd'huy,
Elle n'ose parler pour luy, ny contre luy.

OLYMPE.

Mais pour vous ce mal-heur est vn moinpre supplic,
Que si la mort vous eust enleué Polinice,

Ce

Ce Prince estoit l'objet qui faisoit tous vos soins,
Les interests du Roy vous touchoient beaucoup moins.

ANTIGONE.

Il est vray je l'aimois d'vne amitié sincere,
Je l'aimois beaucoup plus que ie n'aimois son Frere.
Et ce qui le rendoit agreable à mes yeux,
Il estoit vertueux, Olympe, & mal-heureux.
Mais helas! ce n'est plus ce cœur si magnanime;
Et c'est vn criminel qu'a couronné son crime;
Son Frere plus que luy commance à me toucher,
Deuenant mal-heureux, il m'est deuenu cher.

OLYMPE.

Creon vient.

ANTIGONE.

Il est triste, & j'en connois la cause.
Au courroux du Vainqueur la mort du Roy l'expose
C'est de tous nos mal-heurs l'autheur pernicieux.

SCENE III.

ANTIGONE, CREON. ATTALE, OLYMPE.

CREON.

Madame, qu'ay-je appris en entrant dans ces lieux?
Est-il vray que la Reine....

ANTIGONE.

Oüy, Creon, elle est morte.

CREON.

O Dieux! Puis-je sçauoir de quelle estrange sorte.

Ses jours infortunez ont esteint leur flambeau ?

OLYMPE.

Elle-mesme, Seigneur, s'est ouuert le tombeau,
Et s'estant d'vn poignard en vn moment saisie,
Elle en a terminé ses mal-heurs & sa vie.

ANTIGONE.

Elle a sceu preuenir la perte de son Fils.

CREON.

Ah ! Madame, il est vray que les Dieux ennemis....

ANTIGONE.

N'imputez qu'à vous seul la mort du Roy mon Frere,
Et n'en accusez point la celeste colere,
A ce combat fatal vous seul l'auez conduit,
Il a crû vos conseils, sa mort en est le fruit.
Ainsi de leurs flatteurs les Roys sont les Victimes,
Vous auancez leur perte en approuuant leurs crimes,
De la cheute des Roys vous estes les Autheurs,
Mais les Roys en tombant entraisnent leurs flateurs.
Vous le voyez, Creon, sa disgrace mortelle,
Vous est funeste autant qu'elle vous est cruelle,
Le Ciel en le perdant, s'en est vengé sur vous,
Et vous auez peut-estre à pleurer comme nous.

CREON.

Madame, ie l'auoüe, & les destins contraires,
Me font pleurer deux Fils si vous pleurez deux Freres.

ANTIGONE.

Mes Freres & vos Fils ! Dieux que veut ce discours ?
Quelqu'autre Qu'Eteocle a-t'il finy ses jours.

CREON.

Mais ne sçauez-vous pas cette sanglante histoire.

ANTIGONE.

I'ay sceu que Polinice a gagné la victoire.

Et qu'Hemon a voulu les sepa rer en vain.

CREON.

Madame, ce combat est bien plus inhumain.
Vous ignorez encor mes pertes & les vostres,
Mais helas ! apprenez les vnes & les autres.

ANTIGONE.

Rigoureuse Fortune, acheue ton courroux,
Ah ! sans doute voicy le dernier de tes coups.

CREON.

Vous auez veu, Madame, auec quelle furie,
Les deux Princes sortoient pour s'arracher la vi
Que d'vne égale ardeur ils y couroient tous deux,
Et que jamais leurs cœurs ne s'accorderent mieux.
La soif de se baigner dans le sang de leur Frere,
Faisoit ce que jamais le sang n'auoit sçeu faire,
Par l'excez de leur haine ils sembloient reünis,
Et prests à s'égorger ils paroissent amis.
Ils ont choisi d'abord pour leur camp de bataille,
Vn lieu prés des deux camps, au pied de la muraille;
C'est-là que reprenant leur premiere fureur,
Ils commencent enfin ce combat plein d'horreur.
D'vn geste menassant, d'vn œil brûlant de rage,
Dans le sein l'vn de l'autre ils cherchent vn passage;
Et la seule fureur precipitant leur bras,
Tous deux semblent courir au deuant du trêpas.
Mon Fils qui de douleur en soûpiroit dans l'ame,
Et qui se souuenoit de vos ordres, Madame,
Se jette au milieu d'eux, & mesprise pour vous,
Leurs ordres absolus qui nous retenoient tous.
Il leur retient le bras, les repousse, les prie,
Et pour les separer s'expose à leur furie,
Mais il s'efforce en vain d'en arrester le cours,
Et ses deux Furieux se r'aprochent toûjours.
Il tient ferme pourtant, & ne perd point courage,
De mille coups mortels il destourne l'orage,

Iusqu'à ce que du Roy le fer trop rigoureux,
Soit qu'il cherchast son Frere, ou ce Fils mal-heureux,
Le renuerse à ses pieds prest à rendre la vie.

ANTIGONE.

Et la douleur encor ne me l'a pas rauie!

CREON.

I'y cours, ie le releue, & le prens dans mes bras;
Et me reconnoissant, ie meurs, dit-il, tout bas,
Trop heureux d'expirer pour ma belle Princesse,
En vain à mon secours vostre amitié s'empresse,
C'est à ces furieux que vous deuez courir,
Separez-les, mon Pere, & me laissez mourir.
Il expire à ces mots. Ce barbare spectacle,
A leur noire fureur n'apporte point d'obstacle,
Seulement Polinice en paroist affligé,
Attens Hemon, dit-il, tu vas estre vangé,
En effet, sa douleur renouuelle sa rage,
Et bien-tost le combat tourne à son aduantage,
Le Roy frappé d'vn coup qui luy perce le flanc,
Luy cede la Victoire, & tombe dans son Sang.
Les deux camps aussi tost s'abandonnent en proye,
Le nostre à la douleur & les Grecs à la joye,
Et le Peuple allarmé du trépas de son Roy,
Sur le haut de ses tours tesmoigne son effroy.
Polinice tout fier du succez de son crime,
Regarde auec plaisir expirer sa Victime,
Dans le sang de son Frere il semble se baigner,
Et tu meurs, luy dit-il, & moy ie vais regner.
Regarde dans mes mains l'Empire & la Victoire,
Va rougir aux Enfers de l'excez de ma gloire,
Et pour mourir encore auec plus de regret,
Traistre, songe en mourant que tu meurs mon Sujet.
En acheuant ces mots, d'vne démarche fiere,
Il s'approche du Roy couché sur la poussiere,

Et pour le desarmer il auance le bras,
Le Roy qui semble mort obserue tous ses pas,
Il le voit, il l'attend, & son ame irritée,
Pour quelque grand dessein semble s'estre arrestée,
L'ardeur de se venger flate encor ses desirs,
Et retarde le cours de ses derniers soûpirs.
Prest à rendre la vie il en cache le reste,
Et sa mort au Vainqueur est vn piege funeste,
Et dans l'instant fatal que ce Frere inhumain,
Luy veut oster le fer qu'il tenoit à la main,
Il luy perce le cœur, & son ame rauie,
En acheuant ce coup abandonne la vie.
Polinice frappé pousse vn cry dans les airs,
Et son ame en courroux s'enfuit dans les Enfers.
Tout mort qu'il est, Madame, il garde sa colere,
Et l'on diroit qu'encore il menace son Frere,
Son visage où la mort a repandu ses traits,
Demeure plus terrible & plus fier que jamais.

ANTIGONE.

Fatale ambition, aueuglement funeste,
D'vn Oracle cruel suite trop manifeste,
De tout le sang Royal il ne reste que nous,
Et plust aux Dieux, Creon, qu'il ne restat que vous,
Et que mon desespoir preuenant leur colere,
Eust suiuy de plus prés le trépas de ma mere.

CREON.

Il est vray que des Dieux le courroux embrazé,
Pour nous faire perir semble s'estre espuisé;
Car enfin sa rigueur, vous le voyez, Madame,
Ne m'accable pas moins qu'elle afflige vostre ame,
En m'arrachant mes Fils....

ANTIGONE.

Ah! vous regnez, Creon,
Et le Trosne aisément vous console d'Hemon.
Mais laissez-moy de grace vn peu de solitude,

Et ne contraigniez point ma triste inquietude;
Aussi bien mes chagrins passeroient jusqu'à vous;
Vous trouuerez ailleurs des entretiens plus doux.
Le Trosne vous attend, le Peuple vous appelle,
Goustez tout le plaisir d'vne grandeur nouuelle;
Adieu, nous ne faisons tous deux que nous gesner,
Ie veux pleurer, Creon, & vous voulez regner.

CREON, *arrestant Antigone.*

Ah! Madame, regnez, & montez sur le Trosne;
Ce haut rang n'appartient qu'à l'illustre Antigone.

ANTIGONE.

Il me tarde déja que vous ne l'occupiez,
La Couronne est à vous.

CREON.

Ie la mets à vos pieds.

ANTIGONE.

Ie la refuserois de la main des Dieux mesme,
Et vous osez, Creon, m'offrir le Diadéme.

CREON.

Ie sçay que ce haut rang n'a rien de glorieux,
Qui ne cede à l'honneur de l'offrir à vos yeux.
D'vn si noble destin ie me connois indigne,
Mais si l'on peut pretendre à cette gloire insigne,
Si par d'illustres faits on la peut meriter,
Que faut-il faire enfin, Madame?

ANTIGONE.

M'imiter.

CREON.

Que ne ferois-je point pour vne telle grace,
Ordonnez seulement ce qu'il faut que ie fasse,
Ie suis prest....

ANTIGONE *en s'en allant.*

Nous verrons.

CREON *la suiuant.*

I'attens vos loix icy.

ANTIGONE *en s'en allant.*

Attendez.

SCENE IV.

CREON, ATTALE.

SOn courroux seroit-il adoucy?
Croyez-vous la fléchir?

CREON.

Oüy, oüy, mon cher Attale,
Il n'est point de fortune à mon bon-heur égale,
Et tu vas voir en moy dans ce jour fortuné,
L'ambitieux au Trosne & l'amant couronné.
Ie demandois au Ciel la Princesse & le Trosne,
Il me donne le Sceptre, & m'accorde Antigone,
Pour couronner ma teste, & ma flamme en ce jour,
Il arme en ma faueur & la haine & l'amour:
Il allume pour moy deux passions contraires,
Il attendrit la Sœur, il endurcit les Freres,
Il aigrit leur courroux, il fléchit sa rigueur,
Et m'ouure en mesme temps & leur Trosne & son cœur.

ATTALE.

Il est vray, vous auez toute chose prospere,
Et vous seriez heureux si vous n'estiez point Pere,
L'ambition, l'amour, n'ont rien à desirer,
Mais Seigneur, la nature a beaucoup à pleurer.
En perdant vos deux Fils...

CREON.

Oüy, leur perte m'afflige,
Ie sçay ce que de moy le rang de Pere exige,

Ie l'estois, Mais sur tout, j'estois né pour regner,
Et ie perds beaucoup moins que ie ne crois gagner.
Le nom de Pere, Attale, est vn titre vulgaire,
C'est vn don que le Ciel ne nous refuse guere,
Vn bon-heur si commun n'a pour moy rien de doux;
Ce n'est pas vn bon-heur s'il ne fait des jaloux.
Mais le Trosne est vn bien donc le Ciel est auare,
Du reste des mortels ce haut ráng nous separe,
Bien peu sont honorez d'vn don si precieux,
La Terre a moins de Roys que le Ciel n'a de Dieux.
D'ailleurs, tu sçais qu'Hemon adoroit la Princesse,
Et qu'elle eût pour ce Prince vne extreme tendresse,
S'il viuoit, son amour au mien seroit fatal,
En me priuant d'vn Fils le Ciel m'oste vn Riual,
Ne me parle donc plus que de sujets de joye,
Souffre qu'à mes transports ie m'abandonne en proye,
Et sans me rappeller des ombres des Enfers,
Dy-moy ce que ie gagne, & non ce que ie perds.
Parle-moy de regner, parle moy d'Antigone,
I'auray bien-tost son cœur, & j'ay déja le Trosne.
Tout ce qui s'est passé n'est qu'vn songe pour moy.
I'estois, Pere & Sujet, ie suis Amant & Roy.
La Princesse & le Trosne ont pour moy tant de charmes,
Que.... mais Olympe vient.

ATTALE.

Dieux, elle est toute en larmes.

SCENE V.

CREON, ATTALE, OLYMPE.

OLYMPE.

QV'attendez-vous, Seigneur, la Princeſſe n'eſt plus.

CREON.

Elle n'eſt plus Olympe?

OLYMPE.

Ah, regrets ſuperflus!
Elle n'a fait qu'entrer dans la chambre prochaine,
Et du meſme poignard dont eſt morte la Reine,
Sans que ie puiſſe voir ſon funeſte deſſein,
Cette fiere Princeſſe a percé ſon beau ſein.
Elle s'en eſt, Seigneur, mortellement frappée,
Et dans ſon ſang, helas! elle eſt ſoudain tombée,
Iugez à cet objet ce que j'ay deû ſentir,
Mais ſa belle ame enfin toute preſte à ſortir.
Cher Hemon, c'eſt à toy que ie me ſacrifie,
Dit-elle, & ce moment a terminé ſa vie.
I'ay ſenty ſon beau corps tous froid entre mes bras,
Et j'ay crû que mon ame alloit ſuiure ſes pas,
Heureuſe mille fois ſi ma douleur mortelle,
Dans la nuit du tombeau, m'euſt plongé auec elle.

Elle s'en va

SCENE VI.

CREON, ATTALE.

CREON.

ET vous mourez ainsi, beau sujet de mes feux,
Et vous mesme, cruelle, esteignez vos beaux yeux,
Vous fermez pour jamais ces beaux yeux que j'adore,
Et pour ne me point voir vous les fermez encore,
Quoy qu'Hemon vous fût cher, vous courez au trépas,
Bien plus pour m'éuiter que pour suiure ses pas.
Mais deussiez-vous encor m'estre aussi rigoureuse,
Ma presence aux enfers vous fut elle odieuse,
Deust apres le trépas viure vostre courroux,
Inhumaine, je vais y descendre apres vous.
Vous y verrez toûjours l'objet de vostre haine,
Et toûjours mes soûpirs vous rediront ma peine,
Ou pour vous adoucir, ou pour vous tourmenter,
Et vous ne pourrez plus mourir pour m'éuiter.
Mourons donc....

ATTALE, *& des Gardes.*

Ah, Seigneur, quelle cruelle enuie.

CREON.

Ah! c'est m'assassigner que me sauuer la vie,
Amour, rage, transports venez à mon secours,
Venez & terminez mes detestables jours,
De ces cruels amis trompez tous les obstacles.
Toy justifie, ô Ciel, la foy de tes Oracles,
Ie suis le dernier sang du mal-heureux Laïus,

Perdez-moy, Dieux cruel, ou vous ferez deçeus.
Reprenez, reprenez cet Empire funeste,
Vous m'ostez Antigone, ostez-moy tout le reste,
Le Trosne & vos presens excitent mon courroux,
Vn coup de foudre est tout ce que ie veux de vous.
Accordez-le à mes vœux, accordez-le à mes crimes,
Ajoustez mon supplice à tant d'autres Victimes,
Mais en vain ie vous presse, & mes propres forfaits,
Me font déja sentir tous les maux que j'ay faits.
Polinice, Eteocle, Iocaste, Antigone,
Mes Fils, que j'ay perdus pour m'éleuer au Trosne,
Tant d'autres mal-heureux dont j'ay causé les maux,
Font déja dans mon cœur l'office des bourreaux.
Arrestez, mon trépas va venger vostre perte,
La foudre va tomber, la terre est entr'ouuerte,
Ie ressens à la fois mille tourmens diuers,
Et ie m'en vais chercher du repos aux Enfers.

Il tombe entre les mains des Gardes.

FIN.

www.ingramcontent.com/pod-product-compliance
Lightning Source LLC
LaVergne TN
LVHW012357220826
846092LV00002B/558